콤팩트 네트워크
위기의 도시를 살리다

COMPACT NETWORK

콤팩트네트워크

위기의 도시를 살리다

심재국 지음

매일경제신문사

저자는 우리 시의 대산읍에서 진행되었던 프로젝트를 통해 인연을 맺었던 기업인입니다. 이 책의 초반부에는 기업을 유치하면서 직면했던 문제와 갈등을 상생으로 풀어갔던 우리 시의 사례가 잘 담겨 있습니다. 그 당시를 떠올리며 저도 잠시 웃음 지었습니다.

축소의 시대를 살아가는 우리에게 이 책이 던져주는 메시지는 명료합니다. '압축과 연계'를 통해 집중할 것에 집중하고, 연결할 것은 연결하자는 것이죠. 깊이 공감합니다. 도시의 발전을 위해서는 압축과 연계가 필요합니다. 거점에 기반한 압축과 거점 간의 연계를 통한 지속가능한 도시, 이것이 바로 3선의 제가 그리는 '해뜨는 서산'의 모습이기도 합니다(전문은 50~52 페이지에).

서산시장 **이완섭**

때때로 저자와 안성시 발전에 관한 이야기를 나누곤 합니다. 가장 공감했던 말은 '안성시만의 정체성'을 살리라는 말입니다. 요즘, 컨설팅회사에 미래를 맡기는 도시들이 많습니다. 모방한 문화는 도시를 백화(白化)시킵니다. 비슷한 산업단지와 출렁다리를, 그저 그런 축제를 개최하며 하향 평준화되고 있죠. 도시가 정체성을 잃을 때, 발전의 동력도 상실합니다.

저는 이 책을 통해 안성시를 재발견합니다. 안성시의 장점과 단점, 위기와 기회에 대해 생각해봤습니다. 안성이 가진 정체성을 살려 좋은 도시를 만들어가겠습니다. 보존과 개발이 조화된 수도권 최고의 전원도시, 삶의 가치가 실현되는 따뜻한 도시, 스마트 농업과 첨단산업이 어우러진 지속 가능한 미래형 도시. 이것이 저와 시민들이 꿈꾸는 미래의 안성입니다(전문은 270~272페이지에).

안성시장 **김보라**

이 책에는 저자와 인연 있는 두 도시 이야기가 나옵니다. 서산시와 안성시입니다. 저자가 과거 프로젝트를 수행하며 경험했던 서산시의 성공 사례와 현재 인연을 맺고 있는 안성시에 대한 분석과 비전 제시가 담겨 있습니다.

이 책의 주된 내용인 도시에 관한 최신 이론과 다양한 사례도 좋았지만, 개인적으로는 저자의 경험이 담긴 두 도시 이야기에 더 많은 감명을 받았습니다.

단언컨대, 책의 처음과 마지막에 실린 두 도시에 관한 내용만으로도 이 책의 가치는 충분합니다. 이 책을 통해 소멸 위기의 지방 도시와 다양한 문제 속에 있는 대도시 등 우리나라의 모든 도시가 지속 가능한 발전을 이루는 계기가 되기를 바랍니다. 전현직 도의원들로 구성된 저희 의정회에서도 회원들의 의정 경험을 바탕으로 지방 도시 소멸이라는 시대적 문제를 해소하기 위해 '압축과 연계'라는 새로운 가치를 지역사회에 뿌리내려 전 국토의 균형발전에 힘을 모아가겠습니다.

전국시도의정회협의회장 박정현

이 책은 저출산과 고령화, 인구의 사회적 이동으로 소멸 위기에 있는 국내 지방 도시에 희망적인 메시지를 줍니다. 인구와 활동을 한곳으로 집중해 압축적 공간 구조를 이룸으로써 도시의 효율성과 지속 가능성을 높이는 콤팩트 시티와 교통·통신 인프라를 이용해 도시 간 연계와 협력을 추구하는 네트워크 도시의 연계는 지방 도시의 생존과 경쟁력 강화에 적합한 모델입니다.

저자는 콤팩트 네트워크 도시가 우리나라에 필요한 이유와 성공 가능성을 잘 설명하고 있습니다. 다양한 자료를 활용해 지방 도시의 소멸 위기와 대책, 혁신의 장소로서 도시의 역할 등에 대해 알기 쉽게 설명하고 있습니다. 특히, 서산시에서 경험한 상생 네트워크와 안성시 SWOT 분석과 미래비전 제시는 비슷한 고민을 하고 있는 도시에 도움이 될 것입니다.

이 책은 인구 감소와 고령화로 소멸 위기에 처한 지방 도시와 우리나라의 미래를 걱정하는 독자들에게 무엇을 어떻게 시작해야 할지에 관한 유용한 지침이 될 것으로 확신합니다.

단국대 도시개발·부동산학부 교수 **고석찬**

프롤로그

세상이 변하고 있다. 그 속도는 너무나 빠르다. 나는 요즘 조바심을 느낀다. 살아오면서 꽤 많은 경험을 했고, 적지 않은 분량의 책을 읽었지만, 늘 세상의 변화에 따라가지 못하는 느낌이다. 열심히 뛰어도 제자리에 있는, 붉은 여왕과 함께 달리는 이상한 나라의 앨리스가 된 기분이 들기도 한다. 조급함에 밤새 이 책 저 책을 뒤적여보기도 하지만, 그 마음은 사라지지 않는다. 과연 무엇이 세상의 시계를 이토록 빨리 돌리는 것일까? 나는 그것이 질병과 전쟁, 기술의 발달이라고 생각해 본다.

미래를 앞당긴 디지털과 코로나

질병이 세상을 바꾸는 요소 중 하나라는 것은 역사적으로 증명되었다. 14세기 흑사병은 유럽에 엄청난 피해를 입혔지만, 유럽은 이를 통해 세계의 중심으로 부상했다. 노동력이 줄어들면서 소작농의 협상력이 강화되어 낡은 봉건제가 무너졌기 때문이다.

15세기 높은 수준의 문명을 구가했던 아메리카 대륙은 총칼보다 강력한 천연두에 무너지며 개척자들에게 점령당했다.

아프리카의 식민지화도 질병이 원인이었다. 19세기 말 아프리카에 퍼진 우역 바이러스로 대륙 내 90%에 달하는 소가 폐사했고, 기근으로 혼란을 겪으면서 대부분의 영토가 식민지로 변했다.

질병은 도시 계획에도 영향을 끼쳤다. 19세기 중반, 영국을 초토화시켰던 콜레라의 원인이 식수와 오수를 구분하지 않았던 것으로 밝혀지면서, 상하수도가 별도로 설치되기 시작했다. 이를 계기로 인간을 오염원으로부터 분리하는 도시 계획이 본격화되었다.

과거 3년 동안 세계는 코로나의 악몽에 시달렸다. 경제·성장률 하락, 부채의 증가, 글로벌 공급망 붕괴, 생산과 소비의 감소 등이 한꺼번에 닥쳐왔다. 그런데 코로나는 기존의 질병과는 다른 양상으로 세상을 변화시켰다. 기존의 질병이 역사의 흐름을 뒤바꿔놓는 변화였다면, 코로나는 같은 방향의 흐름을 더욱 가속시키는 역할을 했다. 코로나가 디지털과 함께 10년 후의 미래를 불과 2년 만에 우리 앞의 현실로 불러들인 것이다. 코로나로 붕괴된 인류의 삶을 디지털을 활용해 정상화하는 과정에서의 가속이었을 것이다. 물론 이 과정에서 불평등과 양극화라는 부작용이 더욱 심하게 나타나기도 했다.

내가 이 책을 쓴 이유는 불평등과 양극화 문제를 부각하기 위함이 아니다. 디지털로 빨라진 사회에서 이 디지털의 순기능을 이용해 도시 문제를 해결하기 위해서다.

인구 감소와 유출, 위기의 지방 도시

저출산과 고령화는 우리나라에서 메가트렌드(Megatrend), 즉 거대한 물결이다. 2022년 우리나라의 합계 출산율은 0.78로 OECD 국가 중 최하위를 기록했다. 인구 감소는 정해진 미래다. 다가올 미래가 어지러울 정도로 급속하게 우리 삶을 옥죄어오고 있다.

수도권보다는 지방 도시의 위기가 더욱 심각하다. 소멸의 공포다. 저출산과 고령화에 더해 수도권으로의 인구 유출은 더욱 빠르게 진행된다. 도시에서 인구가 감소하면, 기반시설의 단위당 유지비는 증가한다. 이는 도시의 기본적인 생활서비스 제공을 어렵게 만들고, 재정 효율성 저하의 원인이 된다. 중앙 정부는 재정을 투입할 것이고, 재정 지원을 받는 도시들이 많아지면, 국가 전체의 경쟁력이 저하되는 것은 자명한 일이다.

지방 도시들은 지금 인구 확보를 위한 제로섬(Zero-sum) 전쟁 중이다. 인구 유치와 함께 중앙 정부 지원에 대한 쟁탈전도 치열해지고 있다. 도시들은 자구책으로 다양한 정책을 만든다. 관광객을 유치하기 위한 축제를 열고, 농산물을 가공 판매하고, 산업단지를 조성하기도 한다. 그러나 오늘날 우리나라의 인구 문제는 개별 도시의 어설픈 한두 개의 정책으로 해결되기 어렵다.

인구 문제는 특정 정책을 통해 해결할 수 있는 한계를 넘어섰다. 인구 문제는 그 배경이 되는 복잡다단한 요인들과 연관되어 있다. 저출산은 청년 문제와 연관되고, 청년 문제는 일자리와 주택 문제로 연결된다. 일자리와 주택 문제는 청년들의 좌절과 분노의 원인이다. 일자리 부족과 삶의 질 저하로 지방 도시를 떠났던 청년들은, 대도시로 이주한 후 다시 한 번 좌절한다. 그들 앞에 놓인 대도시의 높은 진입장벽과 한 번의 실패로 모든 것을 잃어버릴 수 있다는 두려움이 그들을 기다리고 있기 때문이다. 지방에서도 수도권에서도 청년들은 좌절했고, 그 좌절은 결혼과 출산을 기피하는 현상으로 나타났다.

규모의 경제에서 네트워크 경제로

도시에 대한 기존의 생각을 바꿀 때가 되었다. 특정 지역에 거주하는 인구수를 기준으로 도시의 등급을 결정하는 시대는 끝났다. 인구를 시장으로 보고 인구수를 통해 규모의 경제를 달성하는 논리도 깨졌다. 디지털 전환으로 도시 간 네트워크에 따라 시너지가 창출되기도 하고, 도시의 연합을 통해 대도시를 넘어서는 규모의 경제가 얼마든지 달성될 수 있다.

지속 가능한 발전을 이루는 도시는 어떤 도시일까? 지역의 가치와 산업, 창조 인재가 융합해서 혁신을 창출하는 도시다. 디지털과 네트워크를 기반으로 크기에 상관없이 규모의 경제를 이루는 경쟁력 있는 도시다. 인구 감소에 대응하고, 성장하는 도시 조성을 위해서는 '압축과 연계'라는 공간 전략이 필요하다.

압축은 거점에 대한 고밀 복합개발이다. 교통과 통신의 결절점을 거점으로 산업, 기술, 주거, 인프라 등 기능을 융합해야 한다. 연계는 거점 간 네트워크를 통한 집적 유도다. 각 거점을 네트워크로 연결해서, 중소 도시에서도 대도시 규모의 집적 경제를 누릴 수 있다.

이 책은 위기 상황에서의 도시 생존과 발전 방안이 담겨 있다. 도시권 간 경쟁으로 변화하는 환경 속에서, 대도시의 경쟁력 강화와 함께 소멸 위기에 처해 있는 지방 도시의 생존 방안을 담고 있다. 또, 혁신 클러스터, 로컬 크리에이터, 창조 인재, 교통 네트워크 등 콤팩트와 네트워크를 통한 도시의 미래상을 그리고 있다.

도시의 다양한 네트워크와 허브

독자들에게 당부하고 싶은 것이 있다. 콤팩트-네트워크는 단순히 물리적인 도시 공간 구성에만 국한되지 않는다는 점이다. 우리의 삶 속에 존재하는 모든 네트워크와 허브, 즉 콤팩트가 이 책에 포함되어 있다. 도시 간 연계는 물론이거니와, 교통·통신 네트워크, 소셜 네트워크, 월드와이드웹 등 우리 삶 전체가 네트워크로 연결되어 있기 때문이다. 네트워크에는 중심이 되는 허브가 있다. 도시에도 중심지가 있고, 교통에도 터미널, 허브 공항이 있다. 소셜 네트워크도 명성을 기반으로 중심 역할을 하는 인물이 있다.

도시는 네트워크와 허브가 모여 만들어진 장소며, 인간의 삶을 담는 그릇이다. 그 복잡한 도시 문제를 물리적인 건물의 밀집도에 한정시킬 수는 없다. 도시의 거점과 네트워크는 물론, 도시 내 구성원 간의 다양한 네트워크, 모빌리티 허브와 네트워크, 산업 등 다양한 분야에서 집중과 연결이 도시를 구성하고 있다.

이 책에는 두 개의 도시 사례가 나온다. 공간 전략이 아닌 상생 네트워크로 지속 가능한 발전을 이루고 있는 충남 서산시의 성공 사례와 혁신과 발전의 변곡점에 있는 경기도 안성시를 분석하고, 미래 성공 요인을 제시하는 내용도 있다.

성장과 쇠퇴의 변곡점에서 지속 가능한 도시와 삶을 만들기 위해 고민하는 분들에게, 특히 소멸의 위기에서 도시를 살리기 위한 새로운 엔진을 찾기 위해 애쓰는 지방 도시의 이해관계자들에게 이 책을 권한다.

CONTENTS

3

디지털이 바꾼 세상

4

혁신 클러스터, 도시를 살린다

CONTENTS

7

도시를 해부하다, 경기도 안성시

1

상생으로 발전하다,
충남 서산시

갯벌을 메워 만든
개별입지 공단

우리나라 인구가 2020년을 기준으로 순 감소세로 돌아섰다. 대부분의 지방 도시에서 출산율 저하와 젊은 인구의 이탈로 급격한 인구 감소를 겪고 있다. 도시 자체의 소멸을 걱정하는 도시도 늘어나고 있다.

그런 가운데 인구가 증가하는 도시가 있다. 기업 도시나 혁신 도시, 공공기관 이전과 같은 외부의 호재가 있었던 것도 아니다. KTX 등 획기적인 교통의 개선이 있었던 것도 아니다. 단지, 내부의 역량과 시민들의 단합으로 기업을 유치하고, 산업을 발전시키며 성장을 지속하고 있는 서해안 지방 도시, 충청남도 서산시가 그 주인공이다.

서산시는 서북부 해안권의 중심 도시다. 해양·생태 도시이자 산업 도시다. 가로림만, 천수만 등 갯벌 지역과 간월호, 부남호 등 해양자원이 풍부해 관광, 농업, 어업이 발전했다. 또, 대산공단 등 대규모 산업단지를 보유한 산업 도시로 탄탄한 산업 생태계를 구성해 인구가 증가하는 지속 가능한 도시다. 다양한 산업이 하나의 공간에 혼재되어 있는 다른 도시와는 달리 서산시는 지역별로 특색 있는 발전을 하고 있다. 도심 생활권은 행정, 상업, 주거의 기능을 담당한다. 북부 생활권은 대규모 산업시설과 항만 물류가 주된 기능이다. 남부 생활권은 서산 간척지로 잘 알려져 있듯이 농업과 관광·휴양 기능을 담당한다. 서산시는 지역별로 중심 기능을 가지고 있을 뿐 아니라, 지역 간 연계성도 양호하다.

나는 서산시 북부에 있는 공단 지역인 대산읍과 인연이 있다. 2005년부터 2010년까지 KCC 공장의 관리부장으로 근무하며 대죽일반산업단지(이하 대죽산단)의 신·증설 업무에 참여했다. 내가 부임했던 2005

서산시 읍내동에 위치한 중앙 호수공원. 분뇨와 오수로 인해 '똥방죽'으로 불리던 중앙저수지를 2008년 주민들의 공간으로 새롭게 단장했다.

출처 : 게티이미지뱅크

년도 서산시 인구는 15만 명이었다. 그 후 서산시에서 근무하던 6년 동안 서산시 인구는 증가를 거듭했다. 내가 서산시를 떠나 서울로 자리를 옮기던 2011년에는 16만 4,000명이었고, 2022년 12월 말 기준으로 18만 명을 돌파했다.

서산시는 합계 출산율(Total Fertility Rate)도 높다. 합계 출산율은 여성 1명이 평생 출산하는 자녀 수다. 2022년 인구동향조사에 따르면 서산시의 합계 출산율은 1.21명이다. 우리나라 전체 기준 0.78명, 충청남도 기준 0.91명보다 높다. 충청남도에서 1위며, 전국 시 단위 기준으로 3위에 해당한다.

🌐 갯마을 서산시

간월도로 유명한 서산시 부석면 갯마을의 전경. 서산시 바다는 수심이 얕고 조수간만의 차이가 심해 곳곳에 넓은 갯벌을 가지고 있다.

출처 : 게티이미지뱅크

'서산시' 하면 떠오르는 노래가 있다. 〈서산 갯마을〉이다. 이 노래에는 굴이나 전복 같은 해산물을 채취해 경제를 꾸리던 바닷가 처녀의 애환과, 거센 풍랑을 헤치고 고기잡이하던 어부들의 고된 삶이 담겨 있다. 갯마을이라는 단어에서 느껴지듯 서산시의 입지 환경은 산업이 발전하기에 적합하지 못하다. 그래서 과거 서산시는 간척지 논농사와 갯벌을 활용한 수산물 채취, 염전업을 주로 영위했던 전형적인 농어촌 도시였다.

그런데, 1989년 시 승격 전후로 서산시 산업 구조에 커다란 변화가 생겨났다. 서산시 북부에 있는 대산읍 갯벌 위에 400만 평의 대규모 석유화학단지가 조성된 것이다. 대산임해석유화학단지(이하 대산공단)는 울산, 여수와 함께 우리나라 3대 석유화학단지로 불린다. 대산공단은 서산시와 충남도는 물론 국가 경제 발전에 크게 기여했고, 중국·동남아 등 해외 시장을 겨냥한 핵심 산업지역으로 발전했다. 이 단지의 조성을 계기로 서산시는 도시 발전의 획기적인 전기를 맞이한다.

대산공단이 조성되기 전 서산시는 충청남도에서도 대표적인 오지였다. 철도와 고속도로는 물론이고 제대로 된 국도조차 없었다. 주말이나 휴가철에는 태안으로 가는 승용차로 인해 서산 시내가 주차장으로 변하곤 했다.

특히, 서산시 북부 지역은 더욱 열악했다. 서해대교가 준공된 2000년 이전에는 대산공단으로 가는 길은 멀고도 험했다. 대산공단이 준공되고, 서해안고속도로가 개통된 후에도 서산시 북부 지역의 교통 환경은 나아지지 않았다. 2005년경 나 역시 서울에서 대산공장으로 이동하면서 어려움을 겪었다. 서해안 고속도로 서산IC에서 서산 시내를 통과해 다시 북부 지역으로 이동하거나, 송악IC에서 석문방조제와 대호방조제 등 위험천만한 방조제 길을 이용할 수밖에 없었기 때문이다.

🌐 상생의 DNA는 어떻게 생겨났을까?

이렇게 지정학적으로 불리한 위치와 열악한 교통 환경의 서산시가 산업과 물류의 허브로 발전할 수 있었던 요인은 무엇일까? 나는 그 특별함은 서산 사람들이 보유한 상생의 DNA에서 기인했을 것이라고 생각한다. 실제로 증설을 위해 오랜 기간 서산시와 인연을 맺어왔고, 6년이라는 적지 않은 기간 동안 서산시에 거주했던 내가, 가장 많이 들었던 것은 '상생'이라는 단어였다.

서산 사람들은 혼자가 아닌 이해관계자와 함께 발전하는 것을 가장 중요한 덕목으로 생각한다. 이것은 서산시가 추진하고 있는 기업 맞춤형 산업단지 조성, 친환경·첨단산업 생태계 전환, 기업과의 유대강화 및 애로사항 해결 등 기업 유치 전략에도 녹아들어 있다. 그래서 나는 30년이 넘은 직장생활 중 경험한 여러 도시 중에서 가장 기업하기 좋은 도시를 선택하라면 주저하지 않고 서산시를 뽑는다.

그렇다면, 이같은 상생의 DNA는 언제, 어디서 시작되었을까? 아마도 그것은 대산공단을 조성하는 과정에서 생겨나지 않았을까 생각한다.

🌐 400만 평 공단이 개별입지라니?

대산공단은 울산, 여수와 함께 우리나라 3대 석유화학단지라고 불린다. 그렇지만 대산공단은 울산과 여수 산업단지와는 태생이 달랐다. 울산과 여수는 국가산업단지로 지정되어 정부 주도하에 만들어졌지만, 서산은 처음부터 민간 주도로 조성되었다. 기업에 의해 조성된 개별입지 산업단지다. 삼성종합화학, 현대석유화학, 현대정유 등 석유화학 관련 기업들이 대산읍 독곶리, 대죽리 등의 어촌 지역 갯벌을 메워 조성했다. 1980년대에 부지를 조성했고, 1990년대부터 공장 가동을 시작해 현재 운영 중이다.

인허가 업무에 경험이 많은 나로서도 400만 평이 넘는 거대한 산업

서산시 대산읍에 위치한 대산석유화학단지. 국내 3대 석유화학단지 중 유일하게 민간기업 주도로 조성되었다.

출처 : 게티이미지뱅크

단지를 개별입지로 조성했다는 사실에 놀라움을 금할 수 없다. 국가사업도 아닌 민간의 사업으로 바다를 메우고 대규모 산업단지를 조성하면서 겪었을 어려움은 상상하기 힘들 정도로 많았을 것이다.

그런 어려움이 비단, 사업 성공에 사운을 걸고 막대한 자금을 투입한 기업에만 있었을까? 산업단지 조성으로 삶의 터전을 잃고, 생존의 기로에 섰던 지역 주민에게도 두려움이 있었을 것이다. 또, 도시의 혁신 성장을 위해 이 사업을 성공시켜야 하는 막중한 책임을 졌던 서산시 공직자들 또한 그에 못지않은 절박함이 있었을 것이다.

이 과정에서 탄생한 것이 서산시의 상생 네트워크다. 기업과 시민, 서산시가 서로를 인정하고 공존하며, 가능한 발전 방안을 찾자는 것이 상생 네트워크의 핵심이다. 많은 어려움이 있었지만, 상생 네트워크는 자리를 잡았고, 서산시는 명실상부한 산업 도시로 거듭날 수 있었다.

서산시의 상생 네트워크 덕분에 많은 기업들이 서산시에 둥지를 틀었다. 삼성과 현대 등 기존 입주 기업뿐 아니라, KCC, 롯데, LG, SK 등 국내 굴지의 대기업들이 서산시에 자리를 잡았고, 지금도 서산시의 기업 유치는 계속되고 있다.

도시를 살린
혁신 클러스터

🌐 경험과 역량의 결과물, 서산테크노밸리

서산시에는 15개의 산업단지가 있다. 국가산단 1곳과 일반산단 11
곳, 그리고 4곳의 농공단지가 운영 중이다. 이 중 가장 성공한 산업혁
신지구를 뽑으라면 나는 주저하지 않고 성연면에 있는 서산테크노밸
리를 선택할 것이다.

2014년의 성연면은 인구 2,618명의 작은 농촌 마을이었다. 서산시
는 이곳에 혁신 클러스터 조성을 계획했다. 북쪽에는 대규모 산업시설
이 있고, 도심과도 인접한 성연면이 혁신 클러스터를 조성하기 유리한
입지였기 때문이다.

대산공단을 조성하면서 습득한 노하우를 활용해 한층 업그레이드
된 방식의 혁신 클러스터를 구상했다. 개별입지 산단 조성의 어려움을

알기에 더욱 철저한 계획과 역할 분담이 이뤄졌다. 대기업인 한화를 개발과 경영의 주체로 삼고, 서산시는 행정 지원과 인프라 구축을 담당했다. 여기에 한국산업은행의 금융 지원으로 클러스터 성공의 가능성을 높였다.

서산테크노밸리는 공해·미세먼지 등 기존 산단의 문제를 해소하고 혁신 클러스터가 가지는 최신 경향을 모두 반영했다. 성연천을 끼고 남쪽 지역에 산업시설 북쪽에는 주거, 상업·근린, 문화·체육 등 배후시설을 배치했다. 직주근접형 클러스터로 일과 삶을 원스톱(One-Stop)으로 해결하는 시스템이 적용되었다. 공원과 녹지, 하천을 네트워크로 연결했는데, 환경을 고려해 전체 면적의 20%를 녹지공간으로 조성했다.

60만 평의 면적 중 42%인 25만 평을 산업·연구·개발시설로 지정했다. 산업시설은 이미 조성된 자동차 산업에 태양광을 추가해 새로운

서산시 성연면에 위치한 서산테크노밸리. 2014년 준공한 60만 평 규모의 직주근접형 혁신 클러스터다.

출처 : 한화도시개발

산업 생태계를 구축했다. 태양광과 관련된 솔라벤처단지는 미래 성장 동력인 태양광의 육성을 위해 한화에서 조성한 단지다. 솔라벤처단지에는 태양광의 미드스트림과 다운스트림, 응용제품 관련 기업 등 태양광 전문 연구업체가 입주해 있다.

서산테크노밸리에는 자동차 및 트레일러 제조업, 자동차 부품제조업, 로봇 자동화 등의 업체들도 입주했다. 이 업체들은 인접한 산업단지에서 운영 중인 현대파워텍, SK이노베이션, 동희오토 등 자동차 관련 기업과 하나의 산업 생태계를 구성한다. 현대파워텍은 자동차 변속기 전문업체며, SK이노베이션은 전기차 배터리 생산업체고, 동희오토는 완성차 생산업체다.

● 드라마틱한 인구 증가

서산테크노밸리의 성공은 도시의 발전으로 이어졌다. 양질의 일자리는 늘어났고, 젊은 인재들이 대거 유입되었다. 서산테크노밸리가 준공된 2014년부터 성연면에는 놀라운 인구 증가가 시작되었다. 2014년 2,618명이었던 성연면 인구는, 2015년 4,446명, 2017년 6,959명, 2019년 13,969명으로 증가했다. 2022년 12월 말에는 16,138명에 이르렀다.

쾌적한 배후 도시 조성이 인구 증가의 원인이었다. 배후 도시의 성공으로 노인 위주의 농촌 지역이었던 성연면에 젊은 층이 대거 이주하기 시작했다. 현재 성연면 주민의 평균 연령은 35세다. 서산시 평균 연령 43.5세보다 무려 8.5세가 낮다. 40세 이하의 젊은 인구는 9,995명으로 성연면 전체 인구의 62%를 차지한다. 출산율도 높아 월평균 24.25명씩 신생아가 태어나고 있다.

서산테크노밸리는 혁신 클러스터가 도시를 살린 사례다. 산업이 발전하고 인구가 집중되면 생활 및 교통 여건이 개선된다. 지역 경제의 선순환이 이뤄지는 것이다. 기존 도로의 확·포장, 신규 도로 개설 등 교통 여건도 크게 개선되었다. 기존 노선 버스와 별개로 서산 시내와 단지를 순환하는 순환 버스를 투입하는 등 거주 환경도 개선되고 있다.

기업들이 감동한
서산시 행정

서산시와 만나면 어려운 문제도 해결된다. 나의 경험이다. 그래서 나는 기업하기 좋은 도시를 만들겠다는 서산 사람들의 진정성과 열정을 의심하지 않는다. 이제부터 내가 서산시에서 경험한 사례를 소개하고자 한다.

🌐 상생의 지방 행정, 맞춤형 공업용수

기업이 산업입지를 결정하는 요소는 다양하다. 기반시설, 노동력, 원자재 조달, 지리적 위치, 복지시설, 교통시설 등이 입지 결정을 위해 검토되는 사항이다. 공업용수는 중요한 기반시설 중 하나다. 공업용수가 제대로 공급되지 않으면 생산 활동 자체에 차질을 빚기 때문이다.

2010년 이전에 현대오일뱅크, 삼성토탈, LG화학, 호남석유화학, KCC 등 국내 굴지의 대기업들이 입주하고 있던 대산공단은 공업용수로 인해 큰 어려움을 겪고 있었다. 평상시 공업용수 공급에는 문제가 없었지만, 갈수기에는 늘 마음을 졸였다. 기업들이 개별적으로 수처리시설을 운영하면서 물이 부족할 때 인근 대호지 담수호에서 물을 끌어 활용했는데, 대호지 물은 대산 지역의 농업용수로도 사용되었기에 농민들과의 갈등도 있었다.

미래 공업용수 부족 전망도 대산공단 업체들을 힘들게 했다. 대부분의 기업들이 공장 증설을 계획하고 있었는데, 2025년 이후 충남 서북부 지역은 1일 평균 92만 톤의 공업용수 부족이 전망되었기 때문이다.

서산시는 공업용수 부족의 심각성을 인지하고 K-water와 함께 대책을 마련하고, 대산공단 대기업 5사에 획기적인 제안을 했다. 개별 기업이 보유하고 있는 수처리시설을 통합해 대산공단 인근에 공업용수 생산시설을 설치하자는 내용이었다. 이 제안은 미래 공업용수 부족, 개별적인 수처리시설 운영으로 인한 유지관리, 원가 부담을 걱정하던 KCC, 오일뱅크, LG화학 등 대산 5사에는 기쁜 소식이었다.

서산시와 K-water, 그리고 용수를 공급받을 대산 5사 간 협의를 통해, 2010년 1월 '대산임해산업지역 맞춤형 공업용수 통합공급을 위한 투자 운영 협약'이 체결되었다. 그리고 2년 후, 산업단지 인근에 통합공급시설인 대산산업용수센터가 준공되었다. 이렇게 공급되기 시작했던 하루 약 12만 톤의 고품질 공업용수는 물 부족을 걱정하던 대산 5사가 사용하기에 충분했다.

맞춤형 공업용수에 참여한 서산시와 K-Water, 대산 5사 임직원, 첫째 줄 우측 끝이 저자다.

출처 : 저자 제공

🌐 국내 최초의 공업용수 공급모델

이 사업은 모든 이해관계자에게 이익을 준 상생 네트워크의 대표사례다. 기업들은 제품생산의 핵심 요소인 공업용수를 낮은 원가로 25년간 안정적으로 공급받게 되었으며, 서산시는 지역 인프라 개선을 통해 지속적인 기업 유치의 가능성을 높였다. 또, K-water는 국내 최초 공업용수 통합공급 시범모델을 구축해 고도의 물 관리 기술력을 확보하게 되었다.

대호지 담수호 인근의 농민들도 이 소식을 크게 반겼다. 기업들이 대호지 담수호 물을 사용하지 않게 되어 갈수기에도 물 부족을 걱정할 필요가 없게 되었기 때문이다. 기업과 주민 간의 커다란 갈등 요소가 제거된 셈이다.

　대산공단 맞춤형 공업용수 사업은 국내 최초의 공업용수 통합공급 모델이다. 서산시와 기업들, 그리고 K-water가 협력과 신뢰를 바탕으로 상생 발전을 이룬 성공 사례로 이후 울산 미포 국가산단 등 다른 산업단지로 확대되었다.

　서산시는 입주 기업의 공업용수 부족을 해결하기 위한 노력을 지금도 계속하고 있다. 현재 공업용수의 재활용 등과 관련된 '물의 재이용 촉진 및 지원에 관한 법률'의 개정을 추진 중이다. 최근 수처리 관련 첨단기술 개발로, 공장 내 생산시설에서 발생한 온배수를 재사용하거나 폐수처리장에서 나오는 처리 후 방류수를 재사용하는 기술을 보유하게 되었다. 관련 법률이 통과되면 더 많은 기업들이 용수 부족의 어려움을 해결할 수 있을 것으로 기대된다.

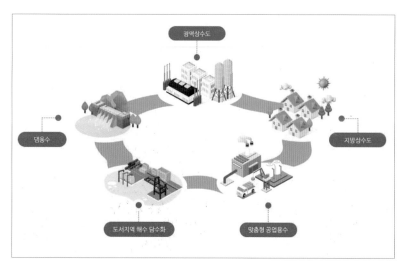

용수 공급 방법과 맞춤형 공업용수. 맞춤형 공업용수는 산업단지 등에 용수공급시설을 건설·운영해 기업들이 원하는 산업용수를 공급한다.

출처 : K-water 홈페이지

🌐 인프라 네트워크, 대죽 폐수처리장

나는 2005년부터 6년간 서산시에 있는 대죽산단에서 근무했다. 대죽산단은 대산항에 연접해 조성된 약 60만 평의 일반 산업단지다. 1991년 지정승인되었고, 2005년 준공했다. 대죽산단은 실수요자인 KCC가 직접 개발하는 방식이었는데, 다소 과도한 규모의 폐수처리장이 문제였다.

산업단지를 조성할 당시의 계획 업종을 고려해 하루 12,000m³라는 큰 규모의 폐수처리장을 설치했다. 그런데 실제 공장을 준공·운영하다 보니 폐수 발생량은 계획량보다 크게 줄었다. 오랜 조성 기간 중 생산설비가 첨단화되었고, 공정상 폐수 재활용 기법이 개발되어 폐수 발

산업단지의 폐수처리시설. 폐수처리시설은 진입도로, 용수공급시설, 전기지원시설 등과 함께 중요한 산업 인프라에 속한다.

생량이 감소했기 때문이다. 산단 내 공장을 모두 가동해도 폐수 발생량은 계획량의 25% 수준으로 예측되었다. 수백억 원이 투자된 중요한 인프라가 용량의 75%는 미처 사용하지 못한 채 노후화될 위기를 맞았다. 나는 어렵게 서산시에 폐수처리장에 대한 지원을 요청했다.

🌐 신속하고 과감한 행정

폐수처리장 잉여용량 해결을 위한 서산시의 업무처리는 기대 이상이었다. 불과 3년 만에 부족한 물량을 확보하고 시설까지 고도화해 폐수처리장을 정상 가동해냈다. 이 과정에서도 서산시의 상생 네트워크는 감동적이었다.

우선, 공장 인근의 관광지인 삼길포항의 생활하수를 끌어들여 유입물량을 늘렸다. 그리고, 서산시 관내에서 조성 중이거나 조성을 계획하고 있던 모든 산업단지의 폐수처리장 설치계획을 전면 재검토했다. 각 산업단지에 폐수처리장을 신규 설치하는 대신, 도로에 관로를 매설해 이들 단지에서 발생하는 물량을 대죽산단 폐수처리장으로 이송하는 계획을 수립했다. 당시 예산으로도 산업단지 한 개의 폐수처리장 설치비용은 수백억 원이 필요했기 때문에 국고 절감 효과는 컸다.

문제는 거리였다. 대상지였던 단지들은 대죽산단과 20km 이상 떨어져 있는 지곡면이나 성연면에 있었기 때문이다. 당시 검토되었던 단지는 조성공사가 진행 중이던 25만 평의 서산인더스밸리와 130만 평의 서산오토밸리였다. 검토를 거친 이 계획은 실현되었다. 이들 산업단지에서 다량의 폐수가 유입되면서 대죽산단 폐수처리장은 정상 가동할 수 있었다. 물론, 그 후 조성된 산업단지도 폐수처리장을 설치하지 않고 모두 대죽 폐수처리장으로 유입되었다. 2017년 준공된 20만 평의 대산 컴플렉스와 16만 평의 대산 3산업단지 등에서도 폐수를 유입했다. 현재 대죽 산단 폐수처리장은 서산시 관내 5개의 산업단지 60개 이상 업체의 오·폐수를 처리하고 있다.

나는 서산시의 행정에 감동했다. 기초지자체에서는 실행하기 힘든 과감한 행정이었다. 1개 기업이 실수요로 개발한 산업단지의 폐수처리장을 5개 대형 산업단지에서 대기업을 포함한 60개 기업에서 사용하도록 만든 것이다. 이것은 광역지자체에서도 하기 힘든 선진 행정이다. 다른 도시였다면 산업단지 계획 수립 시 반영된 대로 폐수처리장을 설치하고 업무를 마무리하지 않았을까? 이 같은 서산시의 선진 행정으로 수백억 원 혹은 천억 원 이상의 국고 절감효과가 있었을 것이라고 생각해보았다.

현재 대죽 폐수처리장은 서산시에서 직접 운영하고 있다. 다른 단지 폐수처리장을 신규 설치할 비용으로 낡은 시설을 개선하는 고도화 작업도 완료했다. 2018년 에너지 효율 작업까지 완료한 대죽 폐수처리장은 지금도 잘 운영되고 있다.

🌐 대산공단의 상생 네트워크

울산과 여수 국가산업단지와 마찬가지로 대산공단도 가동된 지 30

년이 훌쩍 넘었다. 우리나라 3대 석유화학단지는 모두 시설 노후로 크고 작은 사고가 발생하고 있다. 국가산업단지인 울산과 여수보다 개별입지로 조성된 대산공단은 사고 위험에 더욱 취약하다. 30년 넘게 사고와 유증기 등 환경적 위험과 공해에 노출되어온 지역 주민에게 상생은 중요한 이슈였다.

크고 작은 사고를 겪으면서 서산시는 다양한 종류의 동반성장 모델을 운영하고 있다. 기업은 환경 오염 방지 대책 등 지역사회에 기여하는 다양한 방안을 제안하고, 시는 기업이 성장할 수 있는 방안을 지원한다. 지난 2019년 대산 지역의 기업들은 안전·환경 사고 예방을 위해 5년간 8,070억 원의 투자를 약속했다. 그런데 2022년 합동 검증 위원회의 결과, 약속보다 1,183억 원을 추가 투자한 것으로 확인되었다.

이렇게 서산시는 상생을 위한 실질적인 조치를 진행하고 있다. 서산시의 노력에 기업들도 상생을 위한 실효성 있는 조치로 화답한다. 2019년에 대산 지역 환경보전과 상생 발전을 위해 대산공단 협의회를 설립했다. 협의회는 대산공단의 환경 개선사업, 안전 진단, 대민 지원 사업을 추진하며 지역사회에서 신뢰를 구축하고 있다.

개별 기업들도 지역사회 발전을 위한 다양한 사업을 추진 중이다. 오일뱅크는 2002년부터 매년 삼길포항 인근 해역에 우럭 치어를 수십만 마리 방류해왔다. 이런 노력으로 삼길포항은 우리나라 최대의 우럭 집산지로 성장했고, 삼길포항을 찾는 관광객으로 인해 지역 경제가 크게 활성화되었다.

이 밖에도 모든 기업들이 기업 하나와 마을 하나가 자매결연을 맺어 다양한 교류 활동을 하는 '1사 1촌' 운동에 참여하고 있고, 구내식

인근 기업체의 치어 방류 활동으로 서산시 대산읍에 위치한 삼길포항은 우럭 집산지로 유명하다. 매년 여름 우럭축제가 개최된다.

당에서 지역 쌀 쓰기 운동, 저소득층 겨울나기 행사, 장학금 전달 등 다양한 사회 공헌 활동을 진행하고 있다.

서산시는 일본의 '르네상스 프로젝트'를 벤치마킹해 입주 기업 간 상생 발전에도 기여했다. 대산공단 내 기업들은 경쟁사지만, 서산시의 지원 아래 공동의 이익을 위해 대산공단 내 대기업들 간 파이프라인을 연결해 공동배관망을 구축했다. 이 배관망을 통해 특정 공장에서 생산한 휘발류, 납사 등 원·부재료와 생산물, 그리고 태워 없애거나 방치했던 수소나 질소, 스팀 등을 상호 공급하는 등 협력을 강화하고 있다. 이렇게 사업장 간 네트워크를 통해 안정성과 효율성을 높이는 상생 과제를 진행 중이며, 매년 240억 원 이상의 수익 개선 효과를 거두었다. 대산공단의 상생 네트워크는 최초 상생 모델을 전수했던 일본 유화 업계가 오히려 대산공단을 배우기 위해 서산시를 방문하는 웃지 못할 현상을 만들기도 했다.

같은 꿈을 꾸는
서산 사람들

충청남도의 시 단위 행정구역 중 철도를 보유하지 못한 도시는 서산시와 당진시 두 곳이다. 대산공단과 석문국가단지, 현대제철 등 대규모 산업시설이 있음에도 불구하고 해안에 치우친 입지 여건으로 철도 등 교통 관련 우선순위에서 밀린 탓이었다.

그러나 최근 대산항을 매개로 입체 교통 네트워크를 만들기 위한 서산시의 노력이 결실을 맺고 있다. 서산시와 기업, 시민들 모두가 힘을 보태고 있기에, 머지않아 서산시가 도로와 철도, 항만뿐 아니라 항공까지 연결된 서해안 시대 입체 물류허브로 성장할 것으로 기대한다.

매개는 대산항이다. 대전-당진 간 고속도로와 대산항선 철도가 대산항까지 연결되면 대산항은 단순히 대산공단만을 위한 항구가 아닌 충청권과 경기권을 포괄하는 대중국 무역 전진기지로 성장할 것이다.

🌐 교통 네트워크의 씨앗, 대산항

대산항이 생기기 전, 서산시는 도로가 교통시설의 전부인 서해안의 대표적인 오지였다. 대산공단이 가동되던 1991년 충청남도와 KCC가 공동으로 대죽산단 조성협약을 체결했다. 이때 대죽산단과 연접한 대산항도 함께 지정되었다. 대산공단에서 생산된 석유화학 및 정유 제품의 수출입을 위한 국제 항구로 만들어진 것이다. 대산항이 조성되면서 서산시는 대산항을 물류의 허브로 만들겠다는 꿈을 꾸기 시작했다. 또, 대산항을 이용해 서산시의 교통을 획기적으로 개선하겠다는 계획도 세웠다.

대산항은 2021년 기준 전국 31개 무역항 중 유류 화물 물동량 3위, 전국 물동량 6위인 거점 항만으로 자리 잡았다. 현재 총 31선석(국가 4, 민간 27)이 운영되고 있는 대산항은 국제여객터미널이 건립되면서 충청권 최초로 여객과 물류를 동시에 처리할 수 있는 항구로 성장했다.

대산항은 현재 국제 크루즈선 취항을 앞두고 있다. 크루즈선의 취항을 계기로 해미읍성과 천주교 해미성지, 가로림만, 간월도 등 서산시의 관광지를 연계하는 계획이 진행 중이다. 중국과 동아시아를 겨냥한 서해안의 거점 항구가 되기 위해서는 내륙과 연계한 교통망이 필요했다. 대산항 내륙 연계 교통망은 대전-당진 고속도로의 대산항 연장 사업에서 시작되었다.

🌐 대산항 고속도로와 육·해·공 네트워크

대산항에 고속도로를 연결하려는 서산 시민의 꿈이 이뤄지는 과정은 지난했다. 서해안고속도로 당진 분기점에서 대산공단까지는 25km로 길지 않은 거리다. 그러나 사업성의 이유로 2005년과 2009년, 두 번의 예비타당성 조사에서 탈락했다. 하지만 서산 사람들은 포기하지 않았다. 신규 산업단지 조성계획을 수립하고, 도시 계획을 재정비하는 등 새로운 수요를 발굴했다. 그리고, 2016년 예비타당성 조사를 통과했다. 그 후 공사비 증액 건으로 또다시 난관을 맞았으나 검증과 재검증을 거치면서 모든 절차를 마치고 사업 추진을 앞두고 있다.

서산시는 대산항과 더불어 서산공항을 개항함으로써 철도와 도로에 항공을 연계할 수 있는 육·해·공 교통 네트워크를 계획하고 있다. 서산시 해미면 공군비행장을 활용해 민간공항을 추진 중이다. 서산공

충남 서산시의 대산항 전경. 대산항 뒤쪽으로 대죽산단과 대산공단이 보인다.
출처 : 위키백과

항이 개항하고, 충남도청에서 서산공항과 안흥항을 연결하는 내포 철도가 건설되면, 서산시의 교통 네트워크가 완성된다. 여기에 서산에서 천안, 문경을 거쳐 울진까지 동서 축으로 연결하는 중부권 동서 횡단 철도도 계획 중인데, 서산에서 울진까지의 이동 시간을 2시간으로 줄이는 이 노선은 국토 균형발전의 상징적인 철도가 될 것이다.

🌐 지역 대학과의 연계

산업 생태계에서 대학의 역할은 중요하다. 서산시에는 항공대학으로 유명한 한서대학교가 위치하고 있다. 한서대학교는 항공 산업과 공항 산업에서 요구하는 인재를 양성하는 항공 특성화 대학이다. 항공 학부 9개와 항공융합학부가 있어 서산공항이 개항되면 인재의 양성은

서산시 해미면에 위치한 한서대학교. 교내 활주로를 보유하고 있는 항공 관련 특성화 대학이다.

출처 : 한서대 홈페이지

물론, 일터로 활용할 수 있다. 서산시에서는 관제탑 등 설비를 갖춘 공항을 활용해 한서대학교와 '플라잉카' 도입을 검토하고 있다. 플라잉카는 미래 교통에 대응하는 하늘을 나는 모빌리티다. 이 대학은 항공과 항만을 아우르는 학문 기술인 'PORTICS' 학문 체계를 갖추고 있어 서산시가 꿈꾸는 입체 물류허브 도시에 큰 역할을 할 수 있다.

🌐 여유로운 미소, 서산 사람들

서산시를 떠난 지 10여 년이 지났지만, 가끔 서산시를 방문한다. 좋은 추억과 선한 인연이 많은 고장이기 때문이다. 그 인연들은 대부분 공직에서 퇴직해 고향을 지키고 있지만, 오래된 인연을 반갑게 맞아주신다. 식사를 마치고 나면 늘 계산대 앞에서 실랑이가 벌어진다. 손님을 대접해야 한다는 서산의 인심 때문이다. 이 실랑이는 이분들이 현직에 있을 때도 마찬가지였다. 그 흔한 접대라는 것을 해본 것이 손에 꼽을 정도다.

서산 공장에 부임하기 전이었던 2004년, 나는 본사 총무부장 자리에 있었다. 당시 서산시에 개발된 약 60만 평의 대죽산단과 산단 내 공장 신증설이 본사에서도 큰 이슈였기에, 나 역시 그 업무에 많은 시간을 할애하고 있었다. 그즈음 서산시에서 계장 한 분이 나를 만나러 왔다. 대산항 업무를 담당하던 항만 계장이었다. 개발이 진행 중이던 대산항에 우리 산업단지가 접하고 있어 부지 일부를 대산항을 위해 할애할 수 없느냐는 것이었다. 그 후 해당 업무 역시 여러 가지 부침을 겪었지만, 도시의 발전을 바라는 그분의 진정성과 열정에 깊은 감명을 받았다. 그 인연으로 내가 서산 공장에서 근무할 때 많은 도움을 받았다. 그분은 서산시 시민생활국장으로 퇴직한 조성범 국장이다.

나에게 큰 도움을 주었던 서산 사람은 충남도청에도 있었다. 그 시기 우리 회사는 대죽산단에 태양광의 원료인 폴리실리콘, 잉곳·웨이퍼 등을 제조하는 태양광 공장 건설에 사활을 걸고 있었다. 그런데, 공장 증설을 위한 준비는 다 되었는데, 내가 맡은 인허가 일정은 계속해서 지연되었다. 사업의 빠른 진행을 위해서는 MOU 체결이 필요하고, 이를 위해서는 도지사 면담이 필요하다는 조언을 들었다.

당시 도지사는 국무총리를 역임하셨던 고(故) 이완구 지사셨다. 이완구 지사는 충남 도지사 재직 당시 전국 광역단체 중 '외자 유치', '지역 내 총생산', '국제수지 흑자', '기업 유치 증가율' 등 각 부문의 1위라는 전무후무한 성적을 이룬 경제의 승부사였다.

얼마 후 나는 충청남도 공무원의 도움으로 이완구 도지사님을 면담하고, 사업 현황과 MOU에 대해 설명드릴 수 있었다. 일반 기업의 직원이었던 내가 도지사를 만난 것은 매우 이례적인 일이었다.

도지사님과의 면담을 성사시켜 사업이 궤도를 찾는 데 도움을 주신 분은 당시 충남도청 팀장이었다. 그 팀장의 실행력과 지역 발전을 위해서는 누구와도 만날 수 있다는 이완구 지사의 행정 철학이 이 면담을 가능하게 했을 것이라고 생각한다.

우여곡절 끝에 2008년 7월 3일, 코엑스에서 열린 '제1회 지역투자

박람회'에서 3조 9,000억 원을 투자하는 MOU가 체결되었다. 그 후에도 나는 두 차례 더 도지사님과 면담했다. 투자는 계속 진행되고 있는데 한시가 급한 증설 일정이 원인이었다. 그 도청 팀장과 도지사님의 도움으로 일정 내 154KV 고압 선로를 연결하고, 2010년 2월 23일 폴리실리콘 공장을 준공할 수 있었다.

급박했던 시기에 조건 없이 나를 도와준 분은 2016년 세종시에서 퇴직하신 박정화 서기관이다. 그분 역시 서산 사람이다. 충청남도에 근무하던 2010년 박 서기관은 청백봉사상 대상을 받았는데, 부상으로 받은 상금 전액을 불우이웃을 위해 기탁했다.

그분은 꽤 많은 미담의 소유자다. 주말이면 깊은 산을 찾아 산삼을 캤는데, 이것으로 불우한 학생들의 학비를 지원하는 등 봉사활동을

서산시 운산면에 있는 마애삼존불상. '백제의 미소'로 유명하다.

출처 : 게티이미지뱅크

생활화한 분으로 알려져 있다.

나는 6년간 서산에 살면서 정말 좋은 서산 사람들을 만났다. 이완섭 현 시장님을 비롯해 조규선, 유상곤, 맹정호 전 시장님, 그리고 고명호, 구본국, 김근배, 김영식, 김재민, 김성호, 김인수, 안성민, 전성배, 심현택, 조덕래, 이인수, 장갑순, 최진숙, 최진각 등 좋은 인연들은 셀 수 없이 많다. 내가 아는 서산 사람은 운산면에 있는 '백제의 미소'를 상징하는 마애삼존불을 닮았다. 그들의 얼굴에는 정겹고 따뜻한 미소가 가득하다.

🌐 도시가 발전하는 이유

인구의 감소와 수도권 집중 현상은 더욱 심해지고 있다. 많은 지방 도시들이 쇠퇴를 넘어 소멸을 걱정하는 가운데, 인구가 증가하는 도시에는 이유가 있다.

서산시는 국가에서 주는 예산만을 바라보지 않는다. 지역 자원의 특성과 개발 잠재력을 찾아내어 이를 지역의 경제 발전과 연계시킨다. 함께 꿈을 꾸며 상생의 네트워크를 만들어간다. 집중할 곳에 집중하고, 필요한 곳과 연계하는 압축과 연계로 경쟁력을 키운다.

서산시의 목표는 서해안 시대 물류허브 도시다. 이를 위해 하늘길, 바닷길, 땅길, 철길의 촘촘하고 입체적인 교통망을 구축하고 있다. 또 다른 목표는 국제관광 도시다. 해미읍성과 해미국제성지, 간월도의 아름다운 자연을 교통과 연계한다. 우리나라의 대표적인 산업 도시로서

입지를 확고히 했지만, 멈추지 않고 지역의 특성을 활용한 신산업을 육성해간다.

요즘은 지방에 살아도 불편하지 않을 요소들이 생겨나고 있다. 디지털 인프라와 메타버스, 초고속 모빌리티 등을 통해 지방 도시에서도 대도시와 동등한 수준의 인프라를 누릴 수 있다. 젊은이들이 떠나는 도시, 지역 쇠퇴를 걱정하는 도시에서는 서산시의 이유 있는 발전을 눈여겨봐야 할 것이다.

서산시 해미면에 위치한 해미읍성. 사적 제116호로 지정된 서산시의 대표적인 문화재다.

출처 : 게티이미지뱅크

서해안의 도시, 해뜨는 서산입니다

안녕하세요! 서산시장 이완섭입니다.

서산시청 홈페이지를 방문하면 가장 눈에 띄는 것이 '해뜨는 서산' 로고입니다. '해뜨는 서산'은 제가 2011년 서산시장에 당선된 뒤 내걸었던 캐치프레이즈입니다. 몇몇 분들은 '일몰'이 아름다운 서해안 도시 서산에서 웬 '일출'이냐고 의아해했지만, 많은 시민들은 우리가 함께 만들어갈 위대한 서해안 시대가 '해뜨는 서산'이라는 단어에 축약되어 있다는 것을 알고 있습니다.

저는 이제 3선 시장으로 시민과 함께 '해뜨는 서산'을 완성해가고 있습니다.

성공한 지방자치단체에는 분명 그럴 만한 성공의 이유가 있다는 것이 저의 지론입니다. '한 사람이 꿈을 꾸면 꿈으로 끝나지만, 만인이 꿈을 꾸면 현실이 된다'라는 유목민의 속담 속에 그 답이 있습니다. 같은 비전을 가진 시민 한 사람, 한 사람의 꿈이 연결되면 도시 전체의 비전이 되고, 그것이 곧 현실이 됩니다.

저자는 제가 서산시 부시장으로 근무할 때 인연을 맺었던 훌륭한 기업인 중 한 분입니다. 당시 대산읍에 위치한 대죽산업단지에 미래 산업의 꽃인 실리콘과 폴리실리콘 공장을 건설하기 위해 3조 9,000억 원이 투입되는 대규모 프로젝트가 추진 중이었는데, 저자는 그 실무 책임자였습니다. 당시 우리 서산시 공직자들도 사업의 성공이 서산시의 발전에 큰 도움이 된다는 생각을 가지고 많은 노력을 했던 것으로 기억합니다.

이 책에는 당시 기업과 주민, 많은 이해관계자들 간의 다양한 갈등을 끈기 있고 현명하게 풀어갔던 서산시 공직자들의 상생 네트워크 사례가 담겨져 있습니다. 함께했던 그 시간들을 생각하며 잠시 상념에 잠기기도 했습니다.

그런 의미에서 저는 이 책이 이 시대를 살아가는 우리들에게 많은 메시지를 던져주는 좋은 책이라고 생각합니다. '선택과 집중'을 통해 집중할 것에 집중하고, 이들 간의 네트워크를 구축함으로써 시너지를 이룬다는 것이죠. 즉, 좋은 도시를 만들기 위해서는 집중과 연결이 필요합니다. 필요한 곳에 거점을 만들고 이들을 잘 연결하고 활성화해서 효과를 극대화하는 것이 제가 그리는 '해뜨는 서산'의 모습이기도 합니다.

공항, 항구, 도로, 철도와 차세대 교통 체계가 연결되고 기업, 관청, 시민이 연결되어 살기 좋은 도시를 만들어가는 것이 우리가 그리는 도시의 모습이 아닐까요?

아무쪼록 이 책이 저출산과 고령화로 소멸 위기에 놓인 많은 중소도시에 희망의 불씨가 되어주길 소망하면서 함께하신 모든 분의 가정에 건강과 행복이 가득하시길 기원드립니다. 감사합니다.

서산시장 **이완섭**

2010년 이완섭 현 서산시장에게 맞춤형 공업용수 공로에 대한 감사패를 받는 저자
출처 : 저자 제공

COMPACT
NETWORK

2

인구·산업·도시

데드크로스,
점점 더 작아지는 한국

우리나라의 저출산과 고령화는 심각한 수준이다. 수도권과 지방 도시를 가리지 않는다. 지난 2020년 사망자 수가 출생자 수보다 많은 데드크로스(Dead-cross) 현상이 우리나라에서 시작되었다. 2020년의 출생아 수는 27만 2,377명, 사망자 수는 30만 4,948명이었다. 인구가 정점을 지나 자연 감소 추세에 들어선 것이다. 2020년을 기준으로 전체 시·군·구의 66%가 이미 데드크로스를 경험했다. 이들 도시는 수도권과 일부 대도시를 제외한 비수도권에 위치한다. 그런데, 인구 증가가 지속되던 경기도에서도 사상 처음으로 자연 증가의 벽이 무너졌다. 2022년 인구동향조사에 따르면 경기도 내 사망자 수는 7만 8,990명, 출생자 수는 7만 5,277명을 기록했다. 전국 단위에서 지난 2020년부터 시작된 데드크로스가 2022년 수도권인 경기도에서도 발생한 것이다. 정부 수립 후 첫 전체 인구의 순 감소도 시작되었다. 2021년 인구·주택총조사에 따르면 국내 거주 내국인과 외국인을 합친 총인구는 5,174만 명으로 2020년보다 9.1만 명이 감소했다. 당초 인구의 순감소는 2025년으로 예상했는데, 4년이나 앞당겨 시작되었다.

2020년, 출생자 수보다 사망자 수가 많은 인구의 데드크로스가 시작되었다.
출처 : 게티이미지뱅크

통계청에서는 2022년 9월, '2021년 장래 인구 추계를 고려한 세계와 한국의 인구 현황과 전망' 자료를 발표했다. 이 자료에는 2022년과 비교한 2070년 세계 인구와 우리나라의 인구 전망이 포함되어 있다. 자료에 따르면 세계 인구가 2022년 79.7억 명에서 2070년 103억 명으로 증가할 것으로 예측한 가운데, 한국 인구는 2022년 5,184만 명에서 2070년 3,766만 명으로 대폭 감소할 것으로 전망했다. 특히, 65세 이상 고령 인구의 폭발적인 증가를 예측했다. 전 세계 기준 고령 인구 비율이 2022년 9.8%에서 2070년 20.1%로 증가하는 반면, 우리나라의 경우 2022년 17.5%에서 2070년 무려 46.4%로 증가한다는 것이다. 고령화에 대한 UN 기준에 따르면, 65세 인구가 전체 인구의 7% 이상이면 고령화 사회, 14% 이상이면 고령 사회, 20% 이상이면 초고령 사회다. 이미 초고령 사회로의 진입을 앞둔 우리나라는 2070년 인구의 절반이 고령화되는 노인 국가가 될 전망이다.

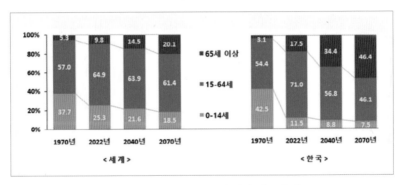

2021년 장래 인구 추계를 고려한 세계와 한국의 장래 인구 추계

출처 : 통계청

고령 인구의 증가를 확인할 수 있는 또 다른 지표는 중위 연령이다. 중위 연령은 전체 인구를 나이순으로 나열할 때 한가운데 서는 사람의 연령이다. 1976년 우리나라의 중위 연령은 20세였다. 이것이 1997년에 30세, 2014년 40세에 도달했고, 2020년에는 45세가 되었다. 2070년의 중위 연령은 무려 62세가 될 것이라는 전망이다. 같은 기간 세계의 중위 연령 평균은 39세다.

급격한 고령화는 생산 가능 인구의 감소를 불러온다. 15세에서 64세까지의 인구를 생산 가능 인구라고 부르는데, 우리나라의 생산 가능

인구는 2020년 3,738만 명으로 전체 인구의 72.1%를 차지했다. 그런데, 2070년에는 1,737만 명으로 급격히 감소해 전체 인구의 46.1%까지 하락할 것으로 예측된다.

　생산 가능 인구의 감소는 노동력의 감소를 의미한다. 이것은 경제 성장 둔화, 세금 징수액 감소, 의료·복지비용 상승 등으로 이어져 국가 경쟁력의 급격한 하락을 불러올 것이다.

인구 변화,
도시와 산업

한국전쟁 이후, 우리나라는 급격한 도시화가 진행되었다. 성장 중심의 경제개발이 불러온 현상이다. 1970년대 50% 남짓하던 도시화율은 지속적으로 증가해 2021년은 91.8%를 기록했다. 도시화율은 전국 인구에 대비한 도시 계획 구역 내 거주 인구 비율을 말한다.

수도권으로의 인구 집중은 더욱 심해졌다. 전체 인구에 대한 수도권 인구 비율은 1970년 28.3%에 그쳤으나, 1980년 35.5%, 1990년 42.8%, 2000년 46.3%, 2010년 49.3%, 2020년 50.1%로 늘어났다. 2023년 기준 수도권 인구 비율은 50.6%다. 우리나라 전체 인구 5,142만 명 중 2,600만 명이 서울과 경기도, 인천광역시 등 수도권에 거주한다는 것이다.

한국전쟁으로 국토가 단절되고 대륙으로의 통로가 막힌 우리나라는 국토의 효율적인 공간 계획 수립이 힘들었다. 여기에 전후 복구와 경제 성장 과정에서 일자리가 풍부한 대도시로의 인구 밀집 현상이 발생했다. 특히, 수도 서울로의 인구 이동은 감당하기 힘들 정도로 급격하게 이뤄졌다.

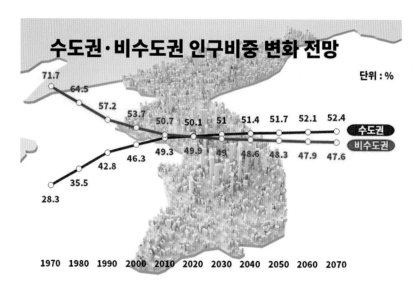

수도권과 비수도권의 인구 비중 변화 전망. 2020년 수도권 인구 비중이 50.2%로 절반을 넘어섰고, 더욱 심화될 것으로 예측된다.

출처 : 통계청

한국전쟁 직후인 1953년 서울의 인구는 100만 명이었는데, 그로부터 40년 후인 1992년에는 1,093만 명으로 약 11배가 증가했다. 정부에서는 자동차 위주의 도로 설계, 지하철 개통, 강남 개발 등 급격한 인구 증가에 대응한 정책을 추진했다. 아이러니하게도 이것이 인구의 수도권 진입과 인프라 집중을 초래하는 또 다른 원인이 되었다.

🌐 수도권 인구 집중과 국토 정책

구분	제1차 국토종합계획	제2차 국토종합계획	제3차 국토종합계획	제4차 국토종합계획	수정 계획
방식	성장거점개발	광역개발	균형개발	균형발전	
시기	1972~1981년	1982~1991년	1992~1999년	2000~2020년	2011~2020년
주요 정책	• 수출 주도, 공업화 • 대규모 공단 • 사회 간접 자본 확충	• 서울, 부산 성장 억제 • 지역생활권 강화 • 환경보전	• 수도권 억제, 지방 분산 • 신산업지 조성 • 남북교류 지역개발	• 균형 국토, 개방 국토 • 반나절생활권 • 녹색 국토, 통일 국토	• 글로벌 녹색 국토 • 4차산업혁명 • 지역 특화, 협력 강화
특징	• 사회간접자본 확충 • 수도·남동권 집중 투자 → 불균형발전	• 국토 다핵구조 조성 노력 • 구체적 집행 수단 결여→ 격차 미해소	• 분산형 개발 • 교통망 확충, 연계체제	• 개방형 통합 국토 축 형성 • 지역 경쟁력 강화	• 지역 특화, 환경친화개발 • 글로벌 경쟁력 강화

시기별 국토종합계획의 변화. 최상위 공간 계획으로 제5차 국토종합계획은 2020년부터 2040년까지로 설정하고 진행 중이다.

출처 : 저자 정리

시대별 산업과 국토 정책을 인구 이동의 측면에서 보면 표와 같다. 1960년대와 1970년대는 경제 성장이 최우선 국정 과제였다. 한국전쟁 이후는 우리나라가 본격적인 경제 성장을 시작한 시기로, 국토개발을 포함한 모든 국가 정책이 경제 성장에 맞춰졌다. 서울과 인천, 울산, 포항, 구미 등 발전 잠재력이 있는 지역을 성장 거점으로 대규모 산업단지가 조성되었다. 그리고, 이들 거점도시를 연결하는 고속도로도 만들어졌다. 국토 균형발전 차원에서 낙후 지역에 대한 개발도 함께 진행되었지만, 대부분의 투자는 서울을 비롯한 수도권과 영남 지방에 집중되었다. 서울로의 급격한 인구 이동은 이때부터였다. 1953년 서울 인구는 100만 명이었는데, 1959년에는 200만 명을 넘어섰고,

1968년 400만 명, 1979년에는 800만 명을 돌파했다. 불과 25년 만에 8배가 증가하는 놀라운 인구 집중이 서울에서 일어났다.

1980년대와 1990년대는 고도성장기였다. 경제 성장 위주의 국토 정책으로 인한 공간적인 불균형을 해결하기 위한 노력도 병행되었다. 대표적인 조치는 1982년 제정·공포된 수도권정비계획법이다. 수도권에 과도하게 집중된 인구와 산업을 적정하게 배치하기 위한 법령이었는데, 법의 긍정적인 면과 부정적인 면에 대한 논쟁은 지금도 계속되고 있다.

이 시기에는 수도권 집중 억제를 위한 지역 분산형 성장 거점 전략이 추진되었는데, 부산, 대구, 광주, 대전 등 4대 거점 대도시를 중심으로 지방을 발전시키는 전략이었다. 또, 대불공단이나 광양산단 등 호남권에도 대형 산업단지가 조성되었는데, 호남권 제조업 고용 인구의 획기적인 증가를 불러왔다.

반면, 수도권은 수도권정비계획법의 가동으로 강력한 규제가 추진되었다. 과밀억제권역, 대규모 개발사업, 총량 규제 등은 수도권에서 대형 산업시설과 건축물의 신증설을 억제하는 대표적인 정책이다.

이러한 노력에도 불구하고 수도권으로의 쏠림 현상은 멈추지 않았다. 1988년 서울의 인구는 1,000만 명에 이르는데, 서울이 포화 상태에 이르자 수도권 지역에 1기 신도시를 건설했다. 신도시의 영향으로 1992년 1,097만 명으로 정점을 찍은 서울 인구는 줄어들기 시작했다. 그러나 이는 새로운 문제를 불러오는 '풍선효과'에 불과했다. 서울 인구의 신도시 이주로 수도권 전체 인구가 증가하기 시작한 것이다.

2000년대에 진입하면서 우리나라도 저성장 시대에 진입했다. 국제적인 경쟁의 양상이 도시권 간 경쟁으로 변화되는 시기였다. 대도시를 중심으로 한 지역 역량 강화가 화두였고, 각 지역은 글로벌 경쟁력을 보유한 광역 경제권을 만들기 위해 연합하기 시작했다. 지속 가능한 도시를 위해 지역 고유의 잠재력을 강화하려는 노력도 동시에 추진되었다. 충청권, 영남권, 호남권을 중심으로 메가시티 논의도 활발하게 진행되었다.

2010년까지 지속되던 수도권 집중은 2011년부터 2016년까지 주춤해졌다. 공공기관의 지방 이전 효과였다. 이 시기에 사상 최초로 수도권 인구의 순 유출이 발생하기도 했다. 그러나, 이러한 현상은 얼마 가지 못했고, 2017년부터 수도권 집중 현상은 재개되었다. 4차산업혁명의 영향이었다. 특히, 20~30대 청년 세대의 수도권 유입세가 강했다. 최근 20년간 수도권 유입은 영남권과 호남권에서 강하게 나타났는데, 대부분은 진학과 일자리 때문이다.

수도권으로의 인구 집중은 단순한 인구 이동 및 밀도의 차이를 넘어선 문제다. 집값으로 대표되는 자산 가격, 지역별 근로 시간, 임금의 차이 등 다양한 분야에서 발현되는 구조적이고도 심각한 사회 현상으로 발전했다.

초저출산,
청년이 포기한 미래

 인구와 관련된 암울한 상황의 원인은 무엇일까? 바로 저출산이다. 우리나라의 합계 출산율은 지속적인 하락 추세다. 합계 출산율은 여성 1인이 평생 동안 낳을 것으로 예상되는 평균 출생아 수를 나타낸다. 2022년 우리나라 합계 출산율은 0.78명으로 2021년 0.81명보다 더 떨어졌다. 2021년 세계 평균 합계 출산율인 2.32명보다 1.51명 낮은 세계 최하위 수준이다. 1970년 출생 통계 작성을 시작한 이래 최저치를 갱신하고 있다.

 우리나라는 1970년 합계 출산율이 4.53명으로 출산율이 높은 나라에 속했다. 높은 출산율은 산아제한 정책과 오일쇼크 등 격동기를 거치면서 줄어들기 시작했다. 1975년에는 3.42명, 1980년에는 2.82명이었고, 1983년에는 대체 출산율 수준인 2.10 아래인 2.06으로 떨어졌다. 대체 출산율은 인구가 감소하지 않고 유지하는 데 필요한 수준의 출산율이다. 1998년 IMF 사태와 2008년 세계금융위기를 거치면서 저출산 현상은 더욱 심화되었다. 2000년 1.48명, 2010년 1.23명으로 2017년까지는 1명대를 유지했으나, 2018년 0.98명으로 1.0명대 이하로 떨어졌다. 그 이후 하락을 지속해 2022년에는 0.78명을 기록하기에 이른 것이다.

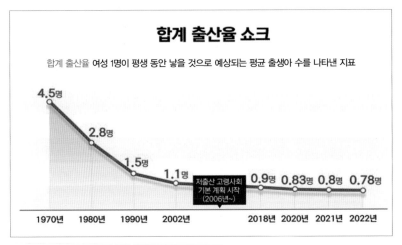

합계 출산율 추이. 우리나라 합계 출산율은 0.78로 2020년 OECD 평균 합계 출산율 1.59의 절반에도 미치지 못한다.

출처 : 통계청

🌐 청년층의 좌절이 반영된 출산율

저출산의 배경에는 청년층의 좌절감이 자리하고 있다. 진학과 취업을 위해 대도시에 모여든 청년들은 행복하지 않았다. 대도시의 진입 장벽은 높았고, 단 한 번의 실패로 모든 것을 빼앗기는 현실에 청년들은 좌절했다. 치열한 일자리 경쟁, 불안한 미래는 삶의 만족도를 떨어뜨렸다. 청년들의 좌절은 혼인을 미루고 출산을 기피하는 현상으로 표출되었다. 2022년 12월 통계청이 발표한 2021년 신혼부부 통계에는 그 현상이 고스란히 나타난다. 통계에서 말하는 신혼부부의 정의는 혼인신고 후 5년이 경과하지 않은, 국내에 거주하며 혼인 관계를 유지하고 있는 부부를 말한다.

2015년부터 2021년까지 결혼한 신혼부부의 수를 보면 2015년 147만 쌍, 2016년 144만 쌍, 2017년 138만 쌍, 2018년 132만 쌍, 2019년 126만 쌍, 2020년 118만 쌍으로 꾸준히 감소해왔다. 특히,

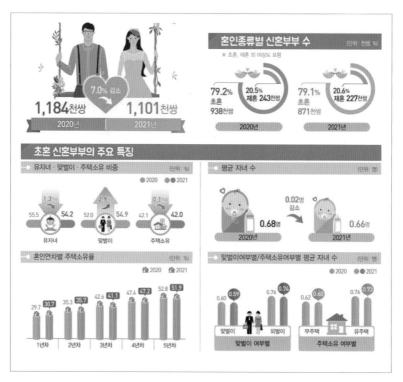

2021년 신혼부부 통계. 대도시에 적응하기 위해 결혼과 출산을 미루는 청년의 현실이 반영되어 있다.

출처 : 통계청

2021년은 110만 쌍으로 2015년 통계 작성 이후 가장 큰 감소 폭인 7%를 기록했다. 특히, 혼인 1년 차 신혼부부는 전년 대비 10.4%가 감소했다.

초혼의 신혼부부 중 자녀가 있는 부부는 전체의 54.2%에 그쳤다. 신혼부부의 평균 자녀 수는 0.66명이었는데, 2018년 0.74명, 2019년 0.71명, 2020년 0.68명으로 매년 줄어들고 있다. 맞벌이 부부의 유자녀 비율은 49.6%로 외벌이 부부보다 10.9% 낮았다. 주택을 소유한 부부의 유자녀 비율은 59.9%로 무주택 부부보다 9.8% 높았다. 초혼 신혼부부 중 맞벌이 부부의 비율은 54.9%로 전년보다 2.9% 상승했다. 2015년 42.9%에서 지속적으로 상승하고 있다. 신혼부부가 돈을 벌고 집을 사기 위해 출산을 포기하는 현상을 확실하게 확인할 수 있다.

무자녀 무주택 신혼부부도 증가하고 있다. 결혼한 지 5년이 지나도 아이를 갖지 않는 무자녀 신혼부부의 비중은 22.5%, 무주택 신혼부부의 비중도 2021년 58%였다. 신혼부부의 소득은 소폭 늘어났지만, 대출 잔액은 크게 증가했다. 2021년 초혼 신혼부부 중 대출이 없는 비율은 10.9%였다. 60.6%의 신혼부부가 1억 원 이상의 대출 잔액이 있고, 그중 16.1%는 대출 잔액이 3억 원 이상이었다. 이 통계를 보면 청년들이 결혼을 미루고, 결혼한 신혼부부 역시 무주택, 맞벌이 등으로 출산을 꺼리는 현상을 확인할 수 있다. 흔히 말하는 '영끌' 대출로도 전세금 마련이 어려운 젊은이들은 금리 인상으로 인해 더욱 큰 어려움을 겪고 있다.

⊕ 작아지는 지방 도시

대도시에서 청년들이 치열한 생존 싸움을 하는 가운데, 대도시에 청년을 빼앗긴 지방 도시는 쇠퇴를 거듭하고 있다. 고용노동부 산하 고용정보원은 2022년 5월 지방 소멸 특집으로 발간한 자료에서, 올해 전국 228개 시·군·구 중 49.6%인 113곳이 소멸위험 지역이라고 발표했다. 소멸위험 지수는 한 지역에 거주하는 20세에서 39세까지의 가임 여성 수를 65세 이상의 고령 인구수로 나눈 것을 말한다. 이 지수가 0.5 미만이면 소멸위험 지역으로 분류된다. 소멸위험 지역은 인구 유입 등 새로운 변수가 작용하지 않는다면 30년 뒤에는 소멸될 것이 예측되는 지역이다.

정부에서는 인구 감소 위기에 대응하기 위해 2021년 10월 처음으로 인구 감소 지역 89곳을 지정했다. 해당 지역의 면적은 5만 9,641km^{2}로 우리나라 전체 면적의 59.4%에 해당된다. 그러나, 그 지역에 거주하는 인구는 498만 8,175명으로 우리나라 전체 인구의 9.6%에 그칠 정도로 심각한 상황이다.

인구 감소는 도시에 치명적이다. 인구가 감소하면 인프라 수요가 줄어들어 병원, 백화점 등 높은 수준의 인프라부터 도시에서 유출된다. 해당 도시의 재화와 공적 서비스의 질적인 저하도 유발된다. 인구가 감소하면 도로, 상수도 등 도시 기반시설의 공급 과잉이 나타나 자체적으로 도시기능을 수행할 수 없다. 도시가 제 기능을 잃으면 재난, 대처 등 공공서비스조차 어려워진다. 이미 많은 지방 도시에서 이런 우려가 현실화되고 있다.

정부에서는 이들 소멸위험 지역의 재생을 위해 대응 기금을 매년 1조 원씩 10년간 지원할 계획이라고 한다. 지방자치단체에서도 청년 인구의 유입을 위해 다양한 정책을 수립하고 있다.

🌐 도시에 대한 패러다임 변화

의료 기술의 발달로 우리나라의 기대수명은 늘어나고 있다. 인구의 고령화와 절대 인구의 감소는 노동력 부족, 노인 부양 부담 증가와 경제 성장률 저하의 원인이다. 수도권을 중심으로 한 대도시와 소멸 위기에 처한 지방 중소 도시 모두 시민들이 높은 삶의 질을 누리도록 인구와 도시에 대한 새로운 계획을 수립할 필요가 있다.

그러나 제시되고 있는 많은 대책들은 시대 변화를 반영하지 못하고 있다. 디지털 전환과 산업 구조의 변화, 초연결과 지식의 흐름, 생산 방식과 생활의 변화 등 최근의 패러다임이 반영되지 못한 대책들이 많다. 대부분의 대책들은 지방 도시에 대한 재정 지원에 관한 것이다. 재정 지원 외에는 도시에 보육·교육·의료·문화 등에 대한 혜택을 부여하거나, 다양한 인프라 시설을 설치하는 정책이 대부분이었다.

디지털로 인한 초연결 시대에는 새로운 정책이 필요하다. 디지털, 플랫폼, 속도, 데이터 등 시대 정신이 담겨 있어야 한다. 초연결 시대, 디지털 혁신의 수용 여부에 도시의 성패가 달려 있기 때문이다.

새로운 인구 모델
생활·체류·관계 인구

인구(Population)는 특정한 국가나 일정한 지역에 거주하는 사람의 숫자다. 도시에서 적정 인구의 유지는 중요하다. 급격한 인구 증가는 주택, 환경, 양극화 등 도시 문제를 일으킨다. 또, 인구의 감소는 구매력 감소, 경제 성장 둔화, 도시기능 저하 등으로 이어지기 때문이다.

우리나라는 주민등록을 기준으로 한 정주 인구를 기준으로 한다. 거주지 기준의 인구 개념이다. 일시적으로 체류하는 사람과 일시적으로 부재 중인 사람은 제외된다. 최근에는 인구 개념에 대한 새로운 논의가 진행 중이다. 정주 인구를 기준으로 한 정책만으로 도시 문제를 해결하는 데 한계가 있다는 인식 때문이다. 인구가 감소하는 현 상황에서 정주 인구 중심 정책은 인접 도시 간 인구 쟁탈전을 촉발시킨다. 도시들이 경쟁적으로 추진하고 있는 출산장려금 정책은 인구 쟁탈전이 가져온 제로섬 게임이다.

　최근 디지털 전환과 함께 청년층을 중심으로 한 새로운 형태의 이동 트렌드도 인구 논쟁에 불을 붙였다. 바로 '4도 3촌' 거주 현상이다. 원격근무 활성화와 함께 발생한 변화인데, 4일은 도시에서 3일은 농촌에서 사는 생활방식이다. 제주도 등에서 일반화된, 지역에서의 한 달 살기 운동에 이은 새로운 형태의 체류형 관광 트렌드다. 이것은 삶터와 일터 등 일반적인 공간 수요 외에 새로운 수요를 발생시킨다. 여러 지역에 대한 순환 거주와 유연 거주 형태의 활성화는 침체된 지방도시에 새로운 활력을 준다.

　새로운 인구 트렌드를 반영한 인구 개념과 정책이 필요한 시점이다. 지방 도시에서도 주민등록상의 등록 인구를 기준으로 한 인구의 양적 확대에 초점을 맞출 것이 아니라, 인구의 이동성을 반영할 수 있는 새로운 정책으로 전환하는 것이 필요하다. 2023년부터 시행된 '인구 감소 지역 지원 특별법'에는 '생활 인구'라는 새로운 개념이 도입되었다. 이 밖에도 연구기관을 중심으로 체류 인구, 관계 인구 등 다양한 인구 개념들이 논의되고 있다.

🌐 생활 인구

　생활 인구는 특정 지역에 거주하거나 체류하면서 생활을 영위하는 인구를 말한다. 거주가 아닌 생활을 중심으로 인구를 바라보는 시각이다. 그러나, 주민등록상 등록된 인구만으로는 지역에서 활동하는 전체 인구를 확인하기 어렵다. 그런 인식에서 착안한 것이 생활 인구다.

생활 인구는 주민등록 인구, 외국인등록 인구 등 정주 인구뿐 아니라, 통근·통학, 관광·휴양, 업무, 정기적 교류 등으로 특정 도시를 방문해 체류하는 사람을 모두 포함하는 인구 개념이다. 디지털 전환과 교통 발달에 따라 주민등록상 주소지와 실제 생활 지역 간의 불일치 현

서울 생활 인구 현황

자료: 서울 열린데이터 광장

서울시와 KT가 공공빅데이터와 통신데이터를 이용하여 추계한 서울의 특정지역,
특정시점에 존재하는 모든 인구 (2020.08.19 기준)

일일평균 생활인구
11,043천명

일일평균 내국인
10,561천명

일일평균 장기체류 외국인
388천명

일일평균 단기체류 외국인
94천명

일일최대 생활인구	일일최소 생활인구	일일생활인구 격차 (최대인구-최소인구)	주간 생활인구 (09시~18시 산술평균)	주간 생활인구 (19시~08시 산술평균)	서울에서 생활한 서울 外지역 인구
11,318천명	10,777천명	542천명	11,275천명	10,877천명	1,405천명

공공 빅데이터와 통신데이터를 이용해 추계한 서울시의 생활 인구 현황. 서울의 주민등록상 인구가 942만 명임을 감안할 때 많은 차이가 있다.

출처 : 서울시

상이 빈번하게 발생하는데, 이를 최소화하자는 취지로 고안된 것이 생활 인구다. 최근 서울시는 통신사 빅데이터를 토대로 생활 인구를 측정해 행정서비스에 활용하고 있는데, 정주 인구를 기준으로 행정 수요를 계산했을 때 발생하는 서비스 공급과 수요상의 불일치를 줄이고자 시행하는 정책이다.

코로나19와 디지털 전환이라는 변화를 겪으면서 재택근무, 원격근무 등 스마트 워크가 활성화되고, 도시를 떠나 지방에 머무르는 인구가 늘어나고 있다. 도시 축소가 진행되는 지방 도시들은 이러한 변화 속에서 특색 있는 관광지 개발, 교통망 확충 등 도시의 활력을 찾는 방안을 모색해야 한다.

🌐 체류 인구

체류 인구는 국토연구원 등 국책 연구기관에서 논의되고 있는 인구 개념이다. 주민등록 신고를 하지 않은 특정 지역에서 1박 이상 머무르는 인구를 말한다. 국토연구원에서는 2023년 1월에 발간한 국토정책 자료에서 체류 유형의 특징을 발표했는데, 그 유형에는 거점형, 계절형, 과소형, 목적형, 과밀형 등이 있다.

첫째, 거점형 체류 유형이다. 체류 인구 중 가장 많은 유형이다. 당일 방문보다는 1박 이상 숙박하며 체류하는 비중이 높다. 관광 자원과 인프라가 풍부한 지역을 중심으로, 지역의 커뮤니티와 문화에 매력을 느낀 인구가 증가하고 있다. 최근, 일과 휴가를 함께한다는 의미의 워케이션(Worcation)과 지역 살이 프로그램 등을 통한 체류 인구도 증가하고 있다. 강원도 강릉시나 경북 경주시, 제주도 서귀포시 등의 도시들이 거점형 체류 유형에 해당된다. 이런 유형의 도시는 지역 고유의 라이프 스타일을 경험할 수 있는 비즈니스 생태계를 창출하면 인구 증가로 인한 도시 발전을 모색할 수 있다.

둘째, 계절형 체류 유형이다. 계절에 따라 체류 인구가 크게 달라지는데, 주민등록 인구는 적으나 체류 인구 비중이 높은 특징이 있다. 수도권 주민들의 주요 휴가지인 경기도 가평군, 강원도 속초시, 충청북도 단양군 등이 이 유형에 속한다. 해당 도시가 계절형 체류 유형에서 벗어나기 위해서는 계절성을 극복할 수 있는 공간과 콘텐츠 정비가 필요하다.

셋째, 과소형 체류 유형이다. 이 유형의 도시는 주민등록 인구도 적고 체류 인구도 적다. 체류보다는 당일 방문 비중이 높은 농촌 도시가 여기에 속한다. 전라남도 신안군, 강원도 화천군, 경상북도 군위군 등이 이 유형에 해당된다. 지방 소멸이 가장 빨리 진행되는 지역이기도 하다. 이 유형의 도시에서는 빈집 등 유휴 공간을 이용한 숙박 관광 인프라의 조성, 체류 인구 창출을 위한 콘텐츠 개발 등 도시를 살리기 위한 다양한 정책을 도입해야 한다. 농어촌 살아보기 체험, 귀농귀촌 시범지역 등 체류 인구와 지역 간 네트워크를 형성하는 매개 역할이 중요하다.

넷째, 목적형 체류 유형이다. 명확한 목적을 가지고 지역을 방문하고, 목적을 이루면 바로 그 지역을 빠져나가는 유형이다. 숙박 체류보다는 당일 방문 비중이 높다. 서울시 종로구, 대전시 유성구, 부산시 동구 등이 이 유형에 해당한다. 이 유형은 주민등록 인구와 체류 인구 모두가 많고, 평균 방문 시간이 가장 짧은 것이 특징이다.

다섯째, 과밀형 체류 유형이다. 체류 인구와 주민등록 인구가 모두 많다. 체류하기에 편한 인프라가 잘 갖추어져 있어 체류 기간도 가장 길다. 서울시 노원구, 인천시 부평구, 세종시 등이 이 유형에 해당한다.

🌐 관계 인구

관계 인구는 우리나라에 앞서 지방 소멸을 경험한 일본에서 시작된 개념이다. 지방 도시 활성화를 위한 정책의 일환이라고 한다. 일본 총무성에서 제시한 관계 인구의 개념은 다음과 같다.

"이주해 정착한 정주 인구보다는 관계가 약하지만, 관광하러 온 교류 인구보다는 관계가 강한, 지역과 다양한 관계를 맺고 있는 사람이다."

다시 말하면, 관계 인구는 지역과 관계를 지닌 외부인이다. 해당 지역의 주민은 아니지만, 그 지역을 지지하고 지역에 애착을 가진 사람이다. 해당 지역에 대한 경제적 공헌도 높다. 관계 인구는 1회성 관광 목적으로 해당 지역을 찾기보다는, 해당 지역에 자주 방문하면서 소비활동도 병행하기 때문이다. 지역에 거주하지 않지만, 정기적으로 방문하는 등 해당 지역과의 관계를 지속적으로 유지하며 지역 활성화에 기여한다. 미래 해당 지역으로의 이주 가능성도 높다. 일본은 이러한 관계 인구를 확대하기 위해 '고향납세제도'를 운영하고 있다. 특정 지방 도시를 응원하고 싶은 사람들이 응원하고 싶은 도시나 그 도시의 사업에 고향 납세(기부)를 하는 방식이다. 고향 납세를 받은 도시는 이를 고향 이주와 교류, 촉진 등에 활용하고, 향후 기부자가 해당 지역으로 이주하도록 유도하기도 한다.

우리나라에서도 2023년 1월부터 고향기부제를 시행하고 있다. 개인이 주소지 외 지자체에 기부하는 제도다. 기부를 받은 지자체는 기부금을 주민의 복지, 지역 경제 활성화 등에 사용한다. 소멸 위기에 있는 지자체의 경우 지방 재정에 보탬이 될 것이다. 지자체는 기부자에게 지역 특산품을 제공함으로써 지역 산업을 살리고, 지역 경제 활성화를 기대할 수도 있다. 이 제도는 관계 인구를 활용해 소멸 위기의 지방 도시를 살리는 좋은 정책이다.

COMPACT
NETWORK

③

디지털이 바꾼 세상

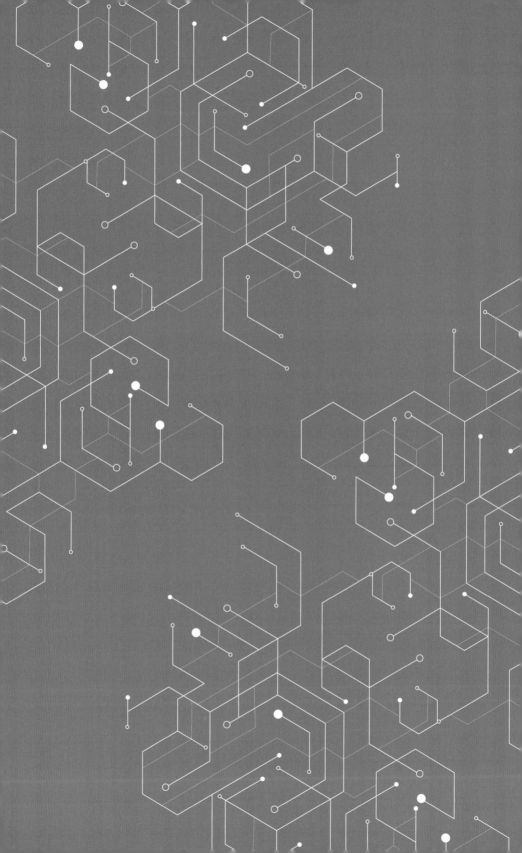

끊임없는 연결,
디지털과 네트워크

🌐 디지털 사회로의 전환

디지털 시대가 도래하기 이전, 인류에 혁명적인 사건이 있었다면 종이와 인쇄술의 발명이었다. 시간과 공간을 초월해 인간의 생각과 감정, 경험 등을 타인과 나누고자 하는 욕구의 발현이었다. 당시의 문자는 소수가 독점한 권력의 상징물 중 하나였다. 지배층은 부와 권력과 더불어 문자 해석 능력도 대물림했다. 그런데, 종이와 인쇄술이 발명되면서 인류는 다시 한번 엄청난 변화에 직면했다. 책이 대량으로 제작되면서 일부 계층에 한정되었던 지식과 정보가 일반인에게도 확산되었다. 책을 통해 지식과 정보가 다음 세대까지 전달되어 지식의 축적도 가능해졌다. 그러나 인쇄물이 전달하는 지식은 일방적이다. 획일적이고, 일방적인 유통 방식이다.

디지털 시대가 도래하면서 지식의 전달 방법에도 변혁이 일어났다. 누구나 지식에 접근하고, 생산하며, 공유하는 것이 가능해졌다. 인류 문명사에 또 하나의 혁명적인 사건이 발생한 것이다. 디지털 사회로의 전환이 가속화되고 있다. 디지털 전환(Digital Transformation)이라고 부르는 이 현상은 인류의 삶을 다시 한번 변화시키는 거대한 동인이다.

디지털 전환의 개념에 대해서는 다양한 정의와 유사한 개념들이 혼재되어 사용되고 있다. 디지털 전환은 ICT 기반, 혁신의 진화적 관점에서 세 단계로 구분된다. 전산화, 디지털화, 디지털 전환이 그것이다. 진정한 디지털 전환은 이 세 단계를 거쳐 이뤄진다는 뜻이다.

전산화(Digitization)는 디지트화라고도 한다. 문서, 음성, 사진 등 아날로그 정보를 컴퓨터나 핸드폰에 저장할 수 있도록 디지털 형식으로 바꾸는 것이다. 정보가 전산화되면서 정보의 검색이나 공유는 쉬워졌다. 하지만 단순한 변환의 수준에 그치고, 기록 방식은 아날로그의 모방에서 벗어나지 못했다. 진정한 디지털이 아니라는 것이다.

디지털화는 프로세스의 자동화다. 프로세스 전환이 중요한 의미를 가지는데, 기존의 오프라인 프로세스를 온라인 프로세스로 바꾸는 것이다. 오프라인 유통 채널을 온라인으로 확장하거나 오프라인에서 제공되는 제품이나 서비스를 온라인 채널에서 제공하는 것 등을 말한다.

디지털 전환의 개념은 앞의 두 단계를 거치면서 확립되었다. 디지털 전환은 디지털 기술로 기존의 프로세스, 사회 구조, 문화, 고객 경험 등을 개선하거나 새롭게 창출하는 과정이다. 노동력을 기반으로 한 전통적인 사회 구조를 디지털 구조로 전환하는 것이다. 그래서 효율을 높이고, 이를 사회 전체로 확산해간다. 디지털 기술을 활용해 프로세스를 바꾸는 것은 디지털과 같은 개념이지만, 디지털 전환은 디지털보다 창조적이고 사회 전반에 적용된다는 것이 다른 점이다.

🌐 네트워크의 형태와 유형

네트워크는 최근 중요한 키워드 중 하나다. 작은 세포에서 지구 생태계에 이르기까지 인간의 모든 삶 속에는 네트워크가 존재한다. 세상은 복잡하게 연결된 하나의 네트워크다. 초연결 사회(Hyper-connected Society)에 진입하면서 네트워크의 중요성은 더욱 강조되고 있다. 초연결 사회는 사람과 사람, 사람과 사물, 사물과 사물이 거미줄처럼 촘촘하게 네트워크로 연결되는 사회다. 초연결 사회를 가능하게 한 것은 네트워크다. 철도와 도로 등으로 대표되는 인프라 네트워크, 사람들의 사회관계인 소셜 네트워크, 지식을 연결하는 정보 네트워크 등 우리의 삶 자체가 촘촘히 연결된 네트워크 안에 존재한다.

네트워크는 노드(Node), 링크(Link)로 구성된다. 노드라는 연결 지점과 링크라는 매체가 연결되며 상호 작용한다. 노드는 연결이 되는 구성요소다. 사람, 도시, 컴퓨터, 세포 등 모든 종류의 개체를 나타낸다. 링크는 노드와 노드를 연결하는 선이다. 사람과 사람 간의 관계, 공항 사이의 항로, 웹페이지 사이의 링크 등 개체 사이의 관계나 상호 작용을 의미한다. 노드와 링크가 무한하게 조합해 연결되면 큰 힘이 만들어진다. 모든 것이 연결되고 서로 영향을 주고받기 때문이다.

소셜 네트워크를 예로 들어보자. 노드는 사람이고 링크는 SNS상친구 간의 연결이다. 트위터나 페이스북과 같은 소셜 네트워크 플랫폼에서 친구, 동료 등 많은 사람과 서로 연결되어 물리적 거리와 무관하게 소통할 수 있게 하는 것이 네트워크다. 하버드대의 스탠리 밀그램(Stanley Milgram) 교수는 지구상의 모든 사람이 단지 6단계만 거치면 서로 통한다고 했다. 이처럼 네트워크가 세상을 가깝게 연결하고 있다.

최근 자주 예시로 등장하는 것은 교통 네트워크다. 교통과 운송 네트워크에서 노드는 도시나 교차로, 항구, 공항이나 기차역 등이다. 링크는 이들을 연결하는 도로나 철로, 항로 등이다. 도로 네트워크는 도시 간 이동 거리를 감안해 격자형으로 발전하고, 항공 네트워크는 허브 공항 노선을 위주로 하는 '허브 앤 스포크(Hub and Spoke)' 구조로 구

노드와 링크. 노드는 사람, 도시 등이 연결되는 구성 요소, 링크는 노드와 노드를 연결하는 선이다.

출처 : iStock

성되는 것이 일반적이다.

허브 앤 스포크 구조는 각 나라나 지역을 대표하는 도시(혹은 공항)만을 메인 거점으로 해 운항하고, 그 거점을 중심으로 세부 운항 노선을 재구성한다. 허브는 축이 연결된 바퀴의 중앙 부분이다. 중심지라는 의미로 사용되기도 한다. 허브는 많은 노드가 연결되는 특정 활동, 교통, 상업 등의 중심이 되는 곳이다. 예컨대, 항공망 네트워크에서 노드는 공항이며, 링크는 공항 사이의 직항 편이다. 많은 공항과 링크되는 대규모 공항이 허브 공항이다. 허브 앤 스포크 형태는 허브 공항을 중심으로 자전거 바퀴살처럼 펼쳐진 모양이다. 허브 공항에 더 많은 가중치를 두기 때문에 '가중치 네트워크'라고도 한다. 노드에 따라 연결된 링크의 수는 많은 차이가 있다. 이것이 네트워크의 불균일성이다. 항공망의 수를 나타내는 항공 네트워크뿐 아니라 소셜 네트워크도 마찬가지다. 사회공동체에서도 특별히 영향력 있는 사람이 있지만, 대부분의 사람들은 일부의 이웃과 연결된다. 이렇게 링크된 많은 노드를 가지고 있는 노드를 '허브 노드'라고 부른다.

경로(Path)는 네트워크에서 노드를 연결하는 링크의 연속 배열이다. 특정 노드에서 출발해 링크를 가로질러 다른 노드에 도달할 수 있다면 두 노드 사이에 경로가 있다고 한다. 이들 노드 사이의 거리는 노드를 연결하는 최단 경로가 지나가는 링크의 수를 말한다. 두 개의 노드 사이에는 여러 개의 경로가 있을 수 있다. 경로는 네트워크에서 노드 간의 거리를 정의하는 데 중요한 개념이다. 두 개의 노드 사이의 거리는 노드 간을 연결하는 링크의 개수로 산정하는데, 링크의 개수가 가장 적은 것을 '최단 경로'라고 한다. 이 경로의 길이는 '최단 경로 길이'다.

패킷(Packet)은 Package(화물)와 Bucket(덩어리)의 합성어로 본래 우편 용어다. 네트워크가 정보를 전송할 때 쓰는 용량이나 규격화된 데이터 덩어리다. 데이터를 패킷 단위로 전송하는 이유는 데이터의 원활한 흐름 때문이다. 큰 데이터를 그대로 보내어 네트워크 대역폭을 많이 차지하게 되면 다른 패킷의 흐름을 방해하게 된다. 대역폭은 네트워크에서 최대 속도로 전송이 가능한 단위 시간당 전송량이다.

🌐 네트워크 토폴로지

네트워크 토폴로지(Network Topology, 망 구성 방식)는 네트워크의 성능을 결정하는 핵심요소다. 네트워크를 배치하는 방식이기도 하다. 링크와 노드들이 어떤 방식으로 배치되고 상호 연결되는지를 물리적 혹은 논리적으로 설명한다. 예컨대 넓은 도로와 좁은 도로, 교차로 등을 효율적으로 배치해 차량의 흐름을 원활하게 하는 도시 계획 방식의 적용도 네트워크 토폴로지의 일종이다. 네트워크 토폴로지의 유형에는 트리형, 버스형, 링형, 매시형, 스타형 등이 있다.

네트워크 토폴로지는 물리적 토폴로지와 논리적 토폴로지로도 구분한다. 물리적 토폴로지는 LAN(Local Area Network)의 상호 연결된 구조를 나타낸다. 노드와 링크 등 네트워크 사이의 실제 배치, 연결과 상호 연관성 등을 나타낸다. 반면, 논리적 토폴로지는 네트워크 설정 방식에 대한 전략적이고 고차원적인 개념이다. 어떤 노드가 어떤 방식으로 다른 노드와 연결되고 데이터가 어떤 경로로 흐르는지 나타낸다.

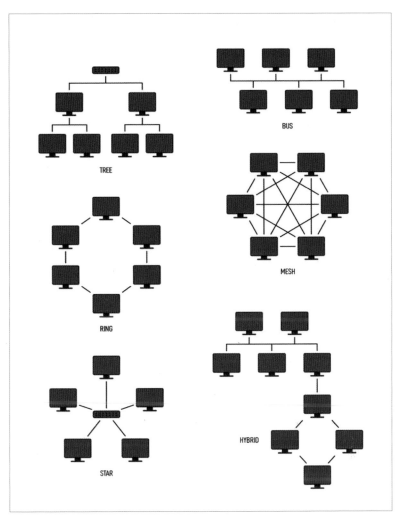

네트워크 토폴로지의 종류. 트리형, 버스형, 링형, 매시형, 스타형, 하이브리드형이 있다.

특정 네트워크에서 물리적 토폴로지와 논리적 토폴로지는 같을 수도 있고, 다를 수도 있다. 물리적인 네트워크의 배치와 데이터의 흐름은 같을 수도, 다를 수도 있기 때문이다.

결론적으로 네트워크를 효율적으로 운영·관리하기 위해서는 물리적 토폴로지와 논리적 토폴로지 모두를 완전하게 통제해야 한다. 그래야만 네트워크의 효율성과 안정성이 보장된다.

🌐 토폴로지의 유형

트리 토폴로지(Tree Topology)형 네트워크

거꾸로 세운 나뭇가지와 같이 계층적(Hierarchy)으로 연결한 형태의 네트워크다. 족보나 기업의 조직 체계와 비슷하다. 최상위에 허브 노드가 있고, 나머지 노드들은 각각 독립된 서브트리(Subtree) 형태로 하위의 다른 노드를 제어한다. 이 네트워크의 장점은 통제가 쉬우며 신뢰도가 높고, 관리나 네트워크의 확장이 용이하기 때문에 분산처리 시스템에 적합하다. 단점으로는 상위 노드가 고장 나면 하위 노드와의 연결이 단절된다. 중앙에 트래픽이 집중되어 병목 현상이 일어날 가능성도 있다.

버스 토폴로지(Bus Topology)형 네트워크

회선 하나에 모든 노드가 공유된 네트워크다. 한 개의 노드에서 전송된 메시지가 모든 노드에 전달되는 형태다. 비용이 저렴하고 확장이 쉽다는 것이 장점이다. 네트워크를 구성하는 노드의 수가 적다면 문제되지 않겠지만, 노드의 수가 많아질수록 노드 간의 충돌이 일어나 전체 네트워크의 속도 저하와 문제 발생 지점을 찾기 어렵다는 단점이 있다.

링 토폴로지(Ring Topology)형 네트워크

닫힌 고리 구조의 회선에 노드가 점 대 점으로 연결된 형태의 네트워크다. 설치와 재구성이 쉽고, 장애가 발생한 노드를 찾기가 용이하다. 병목 현상이 거의 없다는 장점이 있다. 반면, 한 방향 전송이기 때문에 링에 결함이 발생할 경우 전체 네트워크를 사용하기 어렵다. 또, 새로운 노드를 추가할 경우 물리적으로 링을 절단해야 한다는 단점도 있다.

망 토폴로지(Mesh Topology)형 네트워크

중앙의 허브가 없이 각 노드들을 점 대 점 방식으로 직접 연결해 그물의 형태를 이루는 네트워크 구조다. 이 네트워크의 장점은 각 노드 간 전용 링크를 사용하기 때문에 트래픽이 발생하지 않으며, 비밀 유지와 보안이 우수하다는 점이다. 또, 하나의 링크가 고장 나더라도 네트워크 작동이 중단되지 않는다. 단점으로는 모든 노드가 다른 노드와 연결되어야 해서 설치와 구성이 어렵고, 많은 비용이 소요된다는 점이다. 또, 수용할 수 있는 많은 공간이 필요하다는 단점도 있다.

스타(Star Topology)형 네트워크

중앙에 허브 노드가 있고, 이를 중심으로 모든 노드가 허브와 일대일 방식으로 연결된 네트워크 구조다. 각 노드는 서로 직접 연결되지 않고, 중앙 제어 장치가 교환 역할을 하기 때문에 네트워크 구현이 용이하다. 이 네트워크의 장점은 중앙집중식이므로 관리와 확장이 편하고 보안 수준이 높다는 것이다. 치명적인 단점은 중앙에 있는 허브에 문제가 생기면 모든 네트워크가 정지된다는 것이다. 또, 중앙허브가 대량의 패킷을 처리하지 못하면 병목 현상으로 효율 저하가 일어날 수도 있다.

하이브리드 토폴로지(Hybrid Topology)형 네트워크

하이브리드형은 앞에서 설명한 토폴로지 중 둘 이상이 결합해 전체 네트워크를 구성하는 형태의 네트워크 구조다. 실무에서 많이 사용하는데, 스타형-버스형, 스타형-링형, 버스형-링형 토폴로지 등이 사용되고 있다.

🌐 규모에 따른 네트워크의 분류

네트워크는 다양한 영향력을 전달하는 수단이다. 전달 대상이 물질적인 것일 수도 있고, 물질이 아닐 수도 있다. 신기술 등 좋은 것일 수도 있고, 가짜 뉴스와 같이 나쁜 것일 수도 있다. 네트워크의 형태는 규모, 목적, 구조, 기술 등에 따라 다양하지만, 일반적으로 규모에 의한 분류를 많이 사용한다. 두 노드 사이의 전달 지연은 네트워크의 규모에 의존하며, 규모를 고려해 QoS(Quality of Service)를 달성할 수 있다. 규모에 따른 네트워크의 구성 형태는 일반적으로는 PAN, LAN, MAN, WAN 등이 있다.

PAN(Personal Area Network, 개인 영역 네트워크)은 가장 작은 규모의 네트워크다. 개인 간의 통신이나 게이트웨이 역할을 하는 상위 네트워크나 인터넷을 연결하는 데 사용된다. 대표적인 기술로는 블루투스, UWB(Ultra-wideband, 초광역대), 지그비(ZigBee) 등이 있다. 이 밖에 사람의 옷이나 몸에 부착된 여러 장치로 구성된 네트워크인 BAN(Body Area Network, 인체통신망)이 있다.

LAN(Local Area Network, 근거리 영역 네트워크)은 단일 건물이나 학교 같은 소규모 지역에서 사용하는 네트워크 형태다. 규모가 아주 작을 때는 단일 전송 케이블로 모든 호스트를 연결할 수 있다. 무선 연결 시 일정 범위 내에서만 돌아다닐 수 있고, WLAN(Wireless Local Area Network)이라고 한다.

MAN(Metropolitan Area Network, 대도시 영역 네트워크)은 LAN보다 큰, 대도시 정도의 넓은 지역을 지원한다. 사용하는 하드웨어와 소프트웨어는 LAN과 비슷하지만, 연결 규모가 더 커서 대략 10km에서 수백 km까지의 범위를 수용하기도 한다. MAN은 근처에 있는 여러 건물이나 하나의 도시에서 네트워크 연결로 구성할 수 있다. 대표적으로 케이블 TV가 있다. 무선초고속 인터넷인 와이브로(Wibro)와 와이맥스(WiMAX)가 여기에 속한다.

WAN(Wide Area Network, 광대역 네트워크)은 국가 이상의 넓은 지역을 수용하는 네트워크 시스템이다. 도시 간이나 국가 간 연결을 목적으로 수백~수천 km의 범위를 포함할 수 있다. 네트워크와 네트워크를 연결하는 것을 인터 네트워킹(Inter Networking)이라고 한다. 서로 독립적으로 운영되는 둘 이상의 네트워크가 연동되며 정보를 교환하려면 이를 연결해주는 인터 네트워킹 시스템이 필요하다. 연결하는 네트워크 수가 많아질수록 그 복잡도가 더욱 커지기 때문이다.

이미 전 세계가 인터넷을 통해 다양한 정보를 주고받고 있다. 이렇게 네트워크 시스템으로 연결되면서 일상생활을 영위하고, 사물인터넷을 통해 디바이스들이 정보를 주고받으며 사회 전반의 변화를 유도한다. 도시도 마찬가지다. 인구가 증가하는 것에 따라 기반시설을 무한대로 늘려갈 수 없다. 기존 도시 기반시설에 ICT 기술을 접목해 효율을 극대화해야 한다. 또, 대도시와의 경쟁에서 뒤처지는 중소 도시는 도시 간 네트워크를 통한 규모의 경제를 확보함으로써 경쟁력을 강화할 수 있다.

디지털 전환과
도시

디지털 기술은 도시를 변화시킨다. 디지털을 활용해 미래 도시를 구축하는 다양한 시도가 세계 곳곳에서 진행되고 있다. 디지털 기술을 장착한 사물인터넷, 인공지능, 빅데이터 등 첨단 기술이 물리적인 도시 인프라와 결합하면서 도시는 더욱 스마트해진다. 장치에 부착된 센서가 시설물과 연결되어 효율적으로 운영되면서 이동의 편의성, 에너지 효율성 등 시민의 삶을 향상시키고 있다. 도시는 소수의 컨트럴 타워에 의해 운영되던 과거의 체계를 극복했다. 살아 있는 생명체와 같이 모든 기능이 초연결되어 정보를 공유하고, 효율적으로 작동하는 데이터 기반 플랫폼으로 발전하는 중이다.

🌐 디지털과 도시 공간

첨단 디지털 기술은 인간의 삶과 도시 공간을 바꾼다. 디지털 전환에 따른 삶의 변화 중 핵심적인 내용은 이동과 거리 개념이다. 시간과 장소에 구애받지 않고 일하는 스마트워크와 스마트산업이 활성화되면서 '이동'의 개념에 변화가 생겼다. 최근 교통수단의 성능 향상으로 이용자가 느끼는 이동 시간의 질(QOTT, Quality of Travel Time)이 상승하면서 이동수단에 대한 인식에도 변화가 감지된다.

디지털 전환으로 비대면 활동이 증가하면서 물리적 이동은 줄어들었다. 이것은 전통적이고 물리적인 공간의 필요성을 감소시키는 요인이다. 디지털을 활용한 원격근무, 화상수업 등이 활성화되면서 일부 사람들은 사무실과 교실이라는 공간의 필요성에 의문을 가지게 된 것이다.

디지털이 사람의 이동을 감소시켰다면 물류의 이동은 증가시켰다. 전통적인 공간 수요가 줄어드는 대신 새로운 공간의 수요가 창출되고 있다. 온라인 배송이 늘면서, 도심 내 대형 상업시설은 줄어들고 온라인 배송 기지가 늘어났다. 온라인 물류 거점인 다크스토어나 풀필먼트 센터 등이 도심에 생겨나고 있다.

온라인 교육과 회의, 온라인 상거래, 라스트마일 배송과 구독경제의 활성화는 삶의 공간을 주거지 중심으로 바꾸었다. 다양한 기능이 주거지를 중심으로 배치되고 있다. 도보 생활권도 강화되고 있다. 지역 기반 커뮤니티가 활성화되었고, 집에 대한 인식도 달라졌다. 그동안 생활과 휴식의 공간이었던 집의 기능이 다양화되고 있다. 사무와 학습, 쇼핑과 관람, 취미와 운동, 헬스케어 등 다양한 기능의 생활 공간으로 변화하고 있다. 도시가 집을 중심으로 한 15분 생활권으로 재편되는 중이다.

제조업을 통한 도시 공간의 변화도 진행 중이다. 그동안 제조업의 생산기지는 도시 외곽에 산업단지 형태로 존재해왔다. 전력, 용수 등 대규모 인프라 시설이 필요했고, 매연과 폐수 등 환경 요인으로 도심 진입이 어려웠다. 그런데 기업의 스마트화, 융·복합화, 소규모화로 인해 제조업이 도심에 진입할 수 있게 되었다. 제조업과 연구개발업, 물류·유통업의 경계가 모호해지면서 도심 진입은 더욱 빨라지고 있다.

이렇게 인간의 활동이 생활권을 중심으로 바뀌고 있다. 이에 따라 도시 공간도 변화한다. 하나의 공간에서 다양한 기능을 수행하는 복합용도로 도시 공간이 급속도로 바뀌는 중이다. 복합용도 개발은 상이한 여러 용도의 건축물이나 토지를 하나의 공간 안에 유기적으로 조합해 개발하는 방식이다. 주거, 상업, 업무 등 세 가지 이상이 배치된 건축물이 지어지거나 단지가 조성된다. 기존 도심을 활용하기도 하고 새로운 도시 공간이 만들어지기도 한다. 최근에는 철도 역세권을 중심으로 한 복합개발이 많이 이뤄지고 있다.

디지털 전환으로 도시 공간이 최적화되고 있다. 사물인터넷에 인공지능을 장착한 AIoT(인공지능 사물인터넷)가 도시 인프라에 적용되기 시작했다. 이 시스템은 도시 내 데이터 허브와 연계하며 통합시스템으로 구축된다. 나아가 디지털 트윈을 통해 도시에서 일어나는 교통, 환경, 주거 문제와 시설의 비효율을 해결하기도 한다. 디지털 혁명이 도시에 빠르게 적용되고 있다.

🌐 디지털과 모빌리티

인간의 삶을 변화시킨 요인들은 늘 존재해왔다. 가장 큰 영향을 끼친 것 중 하나는 이동수단의 발명이었다. 인류는 이동수단의 혁신이 일어날 때마다 커다란 변혁의 시대를 맞이했다. 이동수단은 도시에도 큰 영향을 끼쳤다. 이동 방식, 접근성, 지가 등 도시와 관련된 모든 분야에 영향을 주었다.

디지털이 모빌리티와 융합하면서 더욱 강력한 영향력을 발휘하고 있다. 스마트 모빌리티가 중심이 된 지능형 시스템과 도로, 차량, 신호체계 등 기존 인프라가 융합되면서 인류의 삶은 획기적으로 변하고 있다. 미래 교통 시스템은 디지털 시대 도시에서 빠질 수 없는 요소다. 자율주행과 새롭게 등장한 모빌리티, 모빌리티를 연계하는 허브와 새로

디지털과 모빌리티. 새로운 모빌리티로 인해 발생한 주차장, 도로 등 여유 공간은 시민을 위해 재디자인할 수 있다.

출처 : 매일경제신문사

운 물류 네트워크 등 미래 교통을 위한 새로운 인프라 구축은 현재진 행형이다.

디지털을 기반으로 한 미래 교통 시스템은 도로와 주차장 수요를 감소시켜 새로운 도시 공간을 창조한다. 다양한 교통수단이 연계하고, 환승이 가능한 모빌리티 허브는 도시 공간에 긍정적인 변화를 가져온 다. 교통수단 간 접근성 개선뿐 아니라, 업무와 공공서비스, 상업과 물 류 등 다양한 도시 공간 조성으로 시민의 삶의 질은 더욱 향상될 것이 다. 디지털 전환으로 인해 각광받는 새로운 모빌리티는 UAM, PM, PVB 등이다.

도심 항공 모빌리티(UAM, Urban Air Mobility)는 항공기를 활용해 사람 과 화물을 운송하는 도시교통 체계다. 항공기 기체뿐만 아니라 항공 관제, 이착륙 시설, 교통 서비스 플랫폼 등이 모두 포함된다. 수직 이 착륙이 가능한 개인 항공기, 에어 택시, 또는 대중교통 서비스가 UAM 에 포함된다.

개인형 이동장치(PM, Personal Mobility)는 전기를 이용해 움직이는 저 속의 소형 1인용 운송 수단이다. 25km/h 내외의 속도로 간편하고, 출 력이 낮은 전기 모터와 소형 배터리를 사용하기 때문에 에너지 소모가 적다. 친환경적이고, 투자 비용에 비해 효과가 크다. 전동킥보드, 전동 이륜차, 전동기의 동력으로 움직이는 자전거가 이에 해당된다.

목적 기반 모빌리티(PBV, Purpose Built Vehicle)는 자율주행을 기반으로 이동하는 교통수단이다. 개인화 설계를 기반하므로 넓은 공간의 특성 을 살려 휴식 공간이나 이동형 창고, 물류 배송용 모빌리티 등에 활용되고 있다.

이 밖에 미래형 모빌리티를 위한 모빌리티 허브 조성이 필요해졌다. 모빌리티 허브는 다양한 교통수단 간의 이동을 연결하는 공간이다. 버스, 지하철, 기차와 같은 기존 대중교통뿐 아니라 다양한 공유 모빌리티와 개인형 모빌리티까지 집결해 연계가 가능하게 하는 장소를 말한다. 환승센터가 대중교통을 갈아타는 장소라면, 모빌리티 허브는 각종 공유서비스, 수요 응답형 서비스, 미래형 모빌리티까지 포함해 이용할 수 있도록 설계된 공간이다.

정부에서도 철도와 버스를 연계한 기존 환승센터에 도심 항공 모빌리티, 자율주행차, 친환경 자동차, 개인형 이동장치 등의 미래 모빌리티를 연계한 환승센터를 계획하고 있다.

산업 구조,
디지털로 재편되다

디지털은 사회 문제와 더불어 산업 구조를 바꾼다. 일하는 방식과 프로세스는 물론, 온라인과 오프라인을 포함한 비즈니스 생태계를 새롭게 확장하고 창조한다. 카카오, 네이버 등 인터넷 기업들이 금융 시장에 진출한 것이나, 대면으로만 가능하던 의사의 진료가 비대면 원격 진료 형태로 바뀌고 있는 것 등이 그 사례다.

산업 전반이 디지털 구조로 변화하기도 하고, 디지털로 인해 산업이 스마트해지고 있다. 변화와 혁신은 연구와 제조, 물류와 유통 등 모든 산업 분야에서 일어난다. 인공지능(AI), 클라우드, 사물인터넷(IoT), 다양한 기능의 센서는 산업을 혁신시키는 요인이다. 최적화된 생산 프로세스와 클라우드 기반의 소프트웨어로 인해 다양한 소비자의 요구는 실시간 대응이 가능하다. 고객 경험은 인공지능과 머신러닝·딥러닝을 통해 매핑(Mapping)된다. 디지털로 연결된 세상에서 사람들은 간편하게 다양한 제품을 비교할 수 있다. 또, 언제든지 다른 브랜드로 이동할 수 있다.

산업입지도 변화하고 있다. 외곽의 대규모 산업단지로 대표되었던 기존 산업입지의 개념은 퇴색된 지 오래다. 제조업의 도심 진입으로 산업입지의 유연성이 강조된다. 인간의 삶과 가까워진 산업현장에서 새로운 가치가 창출되고, 그 효과는 인간의 삶에 즉시 전달된다. 디지털로 인해 삶과 산업은 계속해서 진화하고 있다.

🌐 디지털 플랫폼의 성장

플랫폼은 디지털 시대를 대변하는 산업 생태계다. 다수의 생산자와 소비자가 연결되어 상호 작용하며 가치를 창출하는 공간이 플랫폼이다. 다양한 상품을 생산·판매하기 위해 공통적으로 사용하는 기본 구조기도 하다.

플랫폼의 사전적인 의미는 기차에 승차하기 위한 공간, 승강장이다. 교통수단과 승객은 플랫폼이라는 공간에서 만난다. 공간의 개념에서 플랫폼은 서비스 이용자를 한자리에 모이게 하는 공간이다. 다양한 사람들이 모여 활동하고, 관계를 형성하고 확장한다. 비즈니스도 여기서 이뤄진다. 플랫폼은 공급자와 수요자가 공정한 거래를 할 수 있도록 구축된 환경, 서로에게 새로운 혜택을 제공해주는 상생의 생태계다.

플랫폼은 애플의 창업자 스티브 잡스(Steve Jobs)에 의해 새로운 개념

디지털 플랫폼은 스마트폰, 앱을 통해 새로운 아이디어를 실현하고, 경제를 활성화시킬 수 있는 디지털 공간이다.

출처 : 게티이미지뱅크

으로 탄생했다. 애플은 모바일 기기에 컴퓨터 운영체계를 탑재해 앱스토어에 올렸다. 앱스토어가 새로운 플랫폼으로 등장한 것이다. 앱스토어는 한 기업이나 사용자가 자신이 개발한 앱을 올려 다른 사용자나 기업이 다운로드할 수 있게 해준다. 온라인 플랫폼이 탄생한 것이다. 이것은 앱을 개발한 사용자뿐 아니라 플랫폼을 개발한 기업까지 함께 이용하며 동반 성장하게 해주었다.

이후 가상의 콘텐츠 시장에서 다양한 비즈니스 플랫폼이 탄생하기 시작했다. 배달 서비스 앱, 중고 거래 앱, 숙박, 여행, 의류 등 다양한 분야에서 디지털 플랫폼이 성장했다. 최근 플랫폼의 지위를 과도하게 내세워 사회적 문제가 되기도 했지만, 플랫폼이 산업에서 차지하는 위치는 더욱 커지고 있다.

🌐 플랫폼의 종류

일반적으로 많이 사용되는 플랫폼의 종류는 하드웨어 플랫폼, 소프트웨어 플랫폼, 서비스 플랫폼 등이 있다.

하드웨어 플랫폼은 '물리적 구조물'이란 의미로 사용된다. 하드웨어 생산을 위한 프로세스와 물리적 장치라는 의미다. 동일한 품질의 제품을 생산하는 데 필요한 표준공정의 기반이 된다. 하드웨어는 컴퓨터, 스마트폰, TV, 자동차 등과 같은 제품인데, 이 제품들은 대량 생산이 이뤄지므로 규격이나 제조 프로세스 등 공통된 기준이 필요하다. 이런 요구사항을 충족하기 위해 하드웨어 플랫폼이 필요하다.

소프트웨어 플랫폼은 다양한 어플리케이션이 작동되는 기반이다. PC용 소프트웨어나 스마트폰 앱을 가동하게 하는 운영체제(OS, Operating System)다. 윈도우, 리눅스, OS 등이 있다. 스마트폰이나 태블릿용으로는 안드로이드나 iOS가 대표적이다. 소프트웨어 플랫폼은 응용프로그램을 개발하거나, 다른 산업과의 융합을 위한 기반을 제공하는 등의 역할을 하기도 한다.

서비스 플랫폼은 온라인 기반의 웹 서비스의 등장과 함께 등장했다. 재화나 서비스 등의 가치를 제공하고, 쉽게 사용할 수 있도록 도와주는 인터넷 기반 기술 환경이다. 오픈마켓이나 구인·구직 사이트 등과 같이 공급자와 수요자를 연결하는 거래형 플랫폼이 일반적이다. 또, 앱스토어와 같이 제품 및 서비스를 생산하고 제공하는 생태계형과 포털사이트나 SNS와 같이 다양한 가치를 제공하는 다면형 플랫폼이 있다.

플랫폼 비즈니스는 네트워크 효과와 승자 독식 구조를 가진다. 이는 소비자를 디지털 기반 플랫폼에 종속시킨다. 플랫폼 노동자라는 새로운 개념이 등장하면서 고용과 노동 시장에 새로운 변화를 일으키고 있다. 플랫폼으로 인해 네트워크 기업의 시장 지배력은 더욱 강화된다.

퍼스트 무버,
창조 없이 이익 없다

우리나라는 과거 세계 시장에서 잘 알려진 패스트 팔로워(Fast Follower) 였다. 한국전쟁 직후 세계 최빈국이었던 우리나라가 2023년, GDP 기준 세계 12위의 경제 대국으로 자리매김할 수 있었던 것은 패스트 팔로워 전략에 기인한다. 패스트 팔로워는 새로운 분야를 개척하거나 새로운 유행을 선호하는 퍼스트 무버(First Mover)나, 트렌드 세터(Trend Setter)가 새로운 제품을 내놓으면, 이를 벤치마크해 싸고 개선된 제품을 내놓는 전략을 쓴다. 우리나라는 1990년 이 전략을 통해 성공을 이뤘다. 삼성의 스마트폰과 반도체, 현대의 자동차 산업이 대표적인 사례다.

그런데, 최근 곳곳에서 이 전략이 가진 한계가 드러나고 있다. 퍼스트 무버가 아니면 생존하기 힘든 시대가 도래한 것이다. 그중 가장 큰 이유는 중국이다. 값싼 노동력과 풍부한 자원을 바탕으로 세계 시장을 잠식하고 있다. 우리가 패스트 팔로워 전략으로 성공을 이뤘던 반도체와 스마트폰, 자동차, 가전 등의 시장이 속수무책으로 중국에 잠식당하고 있다. 여러 대기업에서 추진했던 태양광 사업은 중국의 물량 공세에 부딪혀 커다란 실패를 맛보기도 했다.

결국, 우리나라가 성장을 이어가기 위한 길은 퍼스트 무버가 되는 것이다. 퍼스트 무버 전략을 통해 우리나라는 더욱 발전할 수 있을까? 현재의 환경에서 긍정적인 면과 부정적인 요소는 무엇일까? 긍정적인 요소는 우리나라가 디지털 경쟁력이 높다는 점이다. 반면, 부정적인 요소를 꼽으라면 그동안 우리나라의 성장을 이끈 대기업의 구조라고 할 수 있다.

IMD(스위스 국제경영개발대학원)에서 발표한 2022년 세계 디지털 경쟁

국가	순위			우리나라 주요 분야
	2021년	2022년	변동	
덴마크	4	1	+3	
미국	1	2	−1	
스웨덴	3	3	−	
싱가포르	5	4	+1	1. 신기술 적응도 1위 (▲1)
스위스	6	5	+1	2. 사업 능력 2위 (▲3)
네덜란드	7	6	+1	3. IT 통합 14위 (▲2)
핀란드	11	7	+4	4. 규제 여건 23위 (-)
대한민국	12	8	+4	5. 인재 33위 (▼7)
홍콩	2	9	−7	
캐나다	13	10	+3	

2022년 IMD 세계 디지털 경쟁력 평가의 결과

출처 : 저자 정리

력 평가 결과, 우리나라 디지털 경쟁력은 평가 대상 63개국 중 8위를 기록했다. 2021년보다 4단계 올라간 순위다. 중국은 17위, 일본은 29위를 기록했다. 특히, 인구 2,000만 명 이상인 27개국 중에서는 미국을 이은 2위에 이름을 올렸다.

IMD는 2017년부터 디지털 경쟁력을 세 가지 요인으로 평가했다. 평가 항목은 지식, 기술, 미래준비도이다. 우리나라는 미래준비도에서 2위를 차지했는데, 구체적으로 전자 참여 지수와 신기술적응도, 인터넷 소매업 매출액 등 세 가지 지표에서 각각 세계 1위를 차지했다. 디지털 경쟁력은 우리나라 기업들이 퍼스트 무버가 될 수 있는 좋은 여건에 있다는 것을 보여준다.

반대로, 우리나라 대기업의 구조 변화는 시급하다. 가장 커다란 장애물은 문어발식 계열사 확장이다. 계열사 간의 종속적인 관계는 패스트 팔로워 전략에 적합한 기업 구조다. 계열사 간 수직계열화는 빠른 의사결정을 가능하도록 만들어 시장의 요구에 대응하기 쉬운 구조다. 그러나 퍼스트 무버에 필요한 개방적 혁신을 가로막는 장애물이기도 하다. 글로벌 경쟁력을 갖춘 기업이 되기 위해서는 개방적인 협업을 통해 혁신하는 기업으로 탈바꿈하는 것이 필요하다.

급변하는 디지털 시대, 기회는 순간적으로 떠올랐다가 사라진다. 살아남기 위해서는 변화하는 환경에서 앞서 나가야 한다. 빠르게 변화하는 기술력과 소비자의 니즈, 경영 환경에 대해 빠르게 적응하고 시장을 선도할 수 있는 변화가 필요하다. 벤처기업과의 협업은 필수적이다. 육성을 위한 투자도 필요하다. 시대의 변화를 가장 잘 읽는 더듬이 역할을 하는 것이 신생 벤처다. 급변하는 시대에 소비자가 원하는 것이 무엇인지를 파악하고, 벤처기업과 협업을 통해 새로운 시장을 창출하고 산업을 선도하는 기업들이 많아져야 한다.

여기에 필요한 것은 디지털이다. 미래 산업에 디지털 역량이 글로벌 경쟁력을 가르는 핵심 요소기 때문이다. ICT를 활용한 혁신과 새로운 부가가치 창출에 답이 있다. 방대한 데이터를 빠른 속도로 처리하기 위해 5G와 AI 등 기술도 필요하다. 이들을 통해 모인 데이터를 이용해 새로운 가치를 창출할 수 있기 때문이다.

미래 신산업으로 지목받는 인공지능, 로봇, 바이오, 핀테크, 스마트 모빌리티 등은 모두 디지털을 기반으로 한다. 디지털 혁신 생태계가 필요하다. 단순히 디지털 기술에 근거해 운영되던 기존의 산업 생태계를 클라우드, 빅데이터, 인공지능, 사물인터넷 등 디지털 기술의 조합에 기반을 둔 혁신 생태계로 전환해야 한다. 변화를 거듭하는 시장에서 영속성 있는 성공 방식은 없다. 끊임없이 외부 인재와 역량을 수혈하고, 유연한 경영 전략과 창의적 마케팅으로 시장을 설득해나가야 한다.

우리나라가 이런 산업의 퍼스트 무버가 되기 위해서는 많은 준비가 필요하다. 시급한 것은 전문 인력 육성이다. 기업과 대학, 지자체가 인력 육성에 대한 로드맵을 만들어야 한다. 고급 연구 인력에 대한 거주 지원 등 다양한 유치 방안을 수립하고, 산학 연계형 육성 프로그램의 도입이 필요하다.

창업 네트워크도 활성화해야 한다. 산·학·연·관의 네트워크 활성화를 통해 혁신 생태계 조성도 중요하다. 디지털 전환에서 중요한 것은 정부의 역할이다. 정부는 기업과 대학, 연구기관이 자율성과 주도성을 가지고 협력을 통한 혁신 생태계를 조성할 수 있도록 지원해야 한다. 정부는 금융 및 조세 등 각종 지원을 해왔지만, 기업의 자율성과 개방성을 억제하기도 했다. 규제는 퍼스트 무버를 위한 혁신 생태계에서 제어되어야 할 요소다. 혁신 생태계를 통해 전문인력이 양성되고, 창업을 위한 네트워크가 활성화 될 수 있다. 규제를 받지 않은 가운데 새로운 사업에 대한 실증이 가능하도록 지원되어야 한다. 이런 조건들이 맞춰졌을 때 퍼스트 무버를 위한 디지털 혁신 생태계가 완성될 것이다.

적층형 생산,
디지털 벤처 시대를 열다

미국을 중심으로 제조업의 본국 회귀 현상인 리쇼어링(Reshoring)이 빠르게 진행되고 있다. 리쇼어링의 원인으로는 해외 기지의 인건비 상승, 코로나19로 인한 물류난과 운송비 상승, 미·중 간의 무역 갈등 등 여러 요소가 있다.

그런데, 이러한 현상이 제조업의 혁신으로 촉발되었다는 시각이 많다. 스마트 생산 기술로 인한 제조업의 혁신 때문이라는 것이다. 제조업 혁신의 핵심 기술은 3D 프린팅이다. 3D 프린팅 등 제조업의 혁신으로 환경 문제가 해소되고, 생산 비용이 절감되면서 생산 거점을 다시 본국으로 이전하게 된 것이다. 3D 프린팅, 로봇, 스마트 팩토리 등 첨단 기술을 활용하면, 개도국보다 생산비가 적게 들게 될 뿐 아니라 물류난과 운송비 상승의 문제도 해결할 수 있기 때문이다.

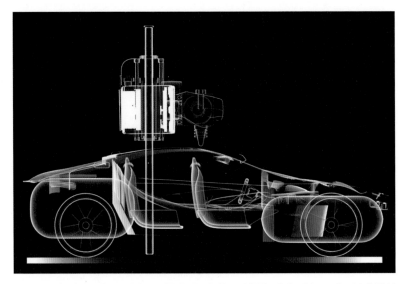

3D 프린팅 제조공법. 프린터로 제품을 뽑아내는 적층형 생산 기술로 제조업의 혁신
과 디지털 벤처 시대를 여는 최첨단 기술이다.

출처 : 게티이미지뱅크

최근 산업 부분에서는 커다란 변화가 진행 중이다. 생산과 소비의
형태가 대량 생산, 대량 소비에서 적정 생산, 적정 소비로 변화하고 있
다. 대량 생산 체제를 대변하는 것은 금형 기술이다. 금형에 새겨진 형
틀 안에 재료를 주입하면 붕어빵을 찍어내듯 많은 제품을 대량으로
생산할 수 있다. 생산성과 규모의 경제에 입각한 생산 체제다. 반면, 적
정 생산, 적정 소비를 대변하는 기술은 3D 프린팅 기술이다. 3D 프린
팅으로 대표되는 적층형 제조 기술을 활용하는 디지털 생산 방식은 재
고 및 물류 비용을 절감한다. 생산 시 리드타임은 줄어들고, 생산 효율
은 더욱 높아진다. 3D 프린팅은 주문 즉시 생산과 더불어 즉시 배송이
가능하다. 기업과 고객을 바로 연결한다. 완성된 형태의 제품을 한 번
에 제조하고, 즉시 판매가 가능하기 때문에 공급망과 재고 관리 단순

화로 시간과 비용을 줄일 수 있다.

제조 방식은 절삭, 성형, 조립하는 기존의 방식과는 다르다. 디지털 디자인 데이터를 활용해 소재를 적층하는 방식으로 3차원 제품으로 제조한다. 생산단계도 '모델링-프린팅-피니싱'으로 단순하다. 생산 시간이 짧고 공급 사슬도 단순하다. 재고 부담이 없을 뿐 아니라 원재료가 낭비되거나 폐기물이 남지도 않는다. 대량 생산에서는 생산량의 감소가 원가 상승 요인이지만, 생산량과 무관하게 일정한 원가를 유지할 수 있다. 무엇보다 산업에 대한 진입장벽이 낮다. 누구나 어디서든 사용할 수 있기 때문이다.

최근의 트렌드인 개인화, 다양화된 고객의 취향에 적합한 생산 방식이다. 그래서 대기업보다는 벤처기업에 유리하다. 대규모 제조설비 대신 3D 프린터 몇 대만 있으면, 다양한 형태의 제품을 작은 공간에서 생산할 수 있다. 규모의 경제라는 대기업의 장점이 약화되고, 창의적인 아이디어가 중요한 요소가 되면서 제조 관련 벤처기업의 장점이 부각된다. 디지털로 무장한 벤처기업의 시대가 도래하고 있다. 무엇보다 생산시설의 도심입지가 가능해졌다. 소비 시장에 근접하게 제조설비가 위치해 생산과 물류가 동시에 이뤄질 수 있다. 창의적인 아이디어가 중시되므로 노동집약적인 제조업에 비해 창조 인재들에게 인기가 있다. 대기업 본사나 연구시설이 수도권으로 집중되는 이유가 벤처기업에 혁신 인력을 빼앗길 수 있다는 우려 때문이라는 의견도 있다.

3D 프린팅이 주목받은 것은 제조업의 속성을 바꾸는 혁신성 때문이다. 3D 프린팅 기술은 의료, 자동차, 항공, 선반 등 제조업 전반에 적용되고 있다. 특히, 의료 분야에서 빠른 성장세를 보인다. 의료산업은

다품종 소량 생산에 적합하고, 맞춤형 제작이 필요하기 때문이다. 사람의 몸은 개개인이 다르기 때문에 의족, 의수, 두개골, 인공관절, 인공치아 등을 신체에 맞게 생산해야 한다. 우주·항공 분야에서도 많이 사용된다. 미국항공우주국에서는 우주정거장에서 비행사들이 필요로 하는 소형 부품을 제조하기 위해 무중력 3D 프린터를 만들었다고 한다. 보잉사는 3D 프린팅 기술을 도입해 항공기당 300만 달러의 생산비를 절감했다고 발표하기도 했다.

과학기술정보통신부의 발표에 따르면, 디지털 제조 수요 확대에 따라 전 세계 3D 프린팅 시장은 연평균 약 27.5% 성장할 것이라고 예측했다. 3D 프린팅 시장은 디지털 제조 수요 확대에 따라 지속적으로 성장할 것이다. 특허가 만료된 3D 프린팅 기술을 기반으로 오픈소스 프로젝트가 활성화되면서 개방형 생태계는 더욱 확산될 것이다.

4

혁신 클러스터,
도시를 살린다

산업 발전,
새로운 엔진이 필요하다

클러스터(Cluster)에 대한 논의는 19세기 유럽에서 시작되었다. 1890년 알프레드 마샬(Alfred Marshall)이 쓴 《경제학원론(Principles of Economics)》에서 클러스터라는 용어가 사용되면서부터다. 마샬은 영국의 쉐필드와 랭커셔 지역의 사례를 통해 특정 지역에 산업이 단지 형태로 집적되면 다양한 이점이 생긴다고 주장했다. 새로운 설비의 발달, 비용절감, 숙련 기술자의 유입, 기업 간 상호 교류 등이 그것이다. 이를 '집적에 의한 규모의 외부경제'라고 불렀다. 제조업이 발달하면서 특정 지역에 특정 산업과 더불어 연관된 산업이 집중하게 되면 그 단지를 중심으로 혁신 성장이 이뤄진다는 개념인데, 이것이 클러스터 이론의 시작이었다.

그 후 미국의 마이클 포터(Michael Eugene Porter)가 클러스터의 개념을 구체화했다. 포터는 클러스터 이론을 설명하기 위해 1990년 '다이아몬드 모델'을 발표했는데, 국가경쟁력을 좌우하는 요인으로 4가지의 내생 변수와 2가지의 외생 변수를 지목했다. 4가지 내생변수는 생산 조건, 수요 조건, 연관 산업, 경영 여건이며, 2가지 외생 변수는 기회와 정부다. 포터는 국가경쟁력 비교우위의 주요한 요소로 클러스터가 필요하다고 했다. 그는 클러스터를 '특정 산업 분야의 상호 연관된 기업들과 기관들의 지리적 집적체'로 정의하면서, 미국 캘리포니아 실리콘 밸리를 성공 사례로 제시하기도 했다.

특정 국가가 산업경쟁력을 강화하기 위해서는 우수한 입지 환경을 갖춘 산업 클러스터가 필요하다. 클러스터는 '생산업체, 부품공급업체, 금융 컨설팅 등 관련된 업체들뿐만 아니라, 정부 기관과 연구소, 대학 등이 일정 지역에 모여 생산, 연구개발, 전략적 제휴 등을 통해 상호 작용을 하며 부가가치를 창출하는 집적지'를 뜻한다. 클러스터는 유사성이나 상호 협력 없이 단순히 기업이 모여 있는 형태인 산업단지와는 구별된다. 특정 장소에 이해관계자들이 모여 산업 간 정보를 공유하고, 신기술을 개발하고 활용하는 등 협력을 통한 시너지(Synergy)를 창출해내는 곳이 바로 클러스터다.

산업 부흥기에는 해당 지역의 경제는 발전하지만, 쇠퇴기에는 지역 경제 역시 어려움을 겪는다. 경쟁력 있는 산업입지 요건은 핵심 산업의 집적과 함께 다양한 혁신 주체들 간의 협력에서 발생하는 시너지다. 시너지는 산업입지 내 다양한 혁신 주체들 간의 지속적인 상호 협력에서 발현된다. 특정 산업의 성공은 전략적 파트너십을 통해 외부에서 새로운 지식을 받아들일 수 있어야 한다. 또, 받아들인 지식을 내부 구성원 간 상호 교류와 활용을 통해 지속적인 아이디어로 창출해내야 한다.

🌐 우리나라 산업입지의 발전 단계

우리나라에서 산업단지는 높은 경제적인 위상을 가지고 있다. 1960년대 초 세계에서 가장 가난한 나라였던 대한민국이 오늘날 세계 10위권의 경제 대국으로 성장한 것은 산업단지를 기반으로 한 제조업의 성공 덕분이다.

최근 글로벌화와 함께 국가 간, 지역 간 경쟁이 치열해지는 상황에서 산업단지의 중요성이 다시 강조되고 있다. 그런데, 우리나라 대부분의 산업단지는 성숙기 혹은 쇠퇴기에 와 있다. 디지털 사회에 적합한 다양한 산업을 현재의 산업단지가 담기 힘든 것이 현실이다. 미래는 과거와 현재를 기반으로 설계되어야 하므로, 우리나라 산업입지 및 산업단지의 발전 단계를 통해 미래 산업입지에 대해 그려보고자 한다.

우리나라 산업화의 시작은 영세한 소비재 생산 공장에서 출발했다. 1960년대 이전에는 산업단지 개념이 정착되지 않았고, 민간 기업들이 어디서든 공장을 건설할 수 있었다. 사업주들은 노동력이 풍부하고 소비 시장과의 접근성에서 유리한 대도시권, 즉 수도권과 영남 지역을 위주로 개별입지 방식의 공장 설립을 추진했다.

1960년대부터 본격적인 경제개발이 시작되었다. 빈곤의 악순환을 탈피하고 자립경제의 기반을 구축한 시기였는데, 섬유·봉제·가발 등을 육성했다. 이들 공장이 주로 대도시에 입지했는데, 도시가 커지면서 공장들이 도심지에 남게 되었다. 도심에서의 공장 가동은 심각한 도시 문제로 이어졌다. 특히, 공해와 교통 문제는 이후 오랫동안 우리나라 도시 발전을 저해하는 원인이었다. 통제되지 않은 개별입지 공장이 초래한 난개발에 대한 반성은, 산업단지 등 특정 계획된 산업입지에 대한 논의를 촉발하기에 이르렀다.

1963년 산업입지와 생활 환경의 개선을 위한 '국토건설종합계획법'이 제정되었고, 1964년에는 '수출산업공업단지개발조성법'도 만들어지면서 산업입지를 둘러싼 제도적 근거가 마련되었다. 1962년 우리나라 최초의 공업단지인 울산공업센터와 서울과 인천의 산업단지 6개소도 추진되었다. 이것이 우리나라의 계획입지의 시초라고 할 수 있다.

1970년대 우리나라 산업정책의 목표는 수출 지향의 중·화학공업 육성이었다. 이에 따라 1970년 수출자유지역설치법을 제정하고 마산수출자유지역, 익산수출자유지역을 지정했다. 또, 산업 구조 고도화를 위해 울산석유화학공업단지 등 산업단지가 동남임해 지역에 조성되었다. 1973년에는 지방공업개발법과 공업배치법을 제정했는데, 지방공업단지 육성과 수도권 집중억제 정책의 병행을 의미한다. 당시 지방공업단지는 특정 업종 중심이었는데, 포항에 철강, 여천에 석유화학, 창원에 기계, 거제에 조선, 온산에 비철금속 등이다.

1980년대에는 국토의 광역적인 발전을 도모한 시기다. 성장과 복지의 조화, 수도권 집중억제 정책이 추진되었다. 지역 간 성장 불균형 해소를 위한 균형발전 정책이 강력히 추진되었다. 산업입지도 지역 분산에 역점을 두었는데, 지방공업 육성 정책에 따라 광양, 대불, 군산, 군장 등 서해안 지역에 대규모 산업단지가 조성되었다. 수도권의 경우는 서울 지역의 인구 분산과 산업 재배치를 위해 인천과 안산 등에 남동, 반월, 시화공단 등이 개발되었다.

농어촌 소득 증대와 균형발전을 위해 농공단지 제도가 도입되었다.

농공단지 조성을 위해 1983년 '농어촌소득원개발촉진법'이 제정된 이후 함양, 서산, 순창, 익산 등에 농공단지가 조성되기도 했다.

1990년대에는 세계화와 지방화를 위한 균형발전 전략이 시행되었다. 이 시기에는 새로운 형태의 산업입지도 탄생했다. 제조업 중심의 공업단지는 기술 집약형 첨단산업단지로 개편되었다. 제조업 중심의 첨단산업, R&D, 주거 등 다양한 기능을 포함하는 복합단지 체계도 시작되었고, 첨단 벤처기업의 성장이 진행된 시기다. 현재의 지식산업센터인 아파트형 공장도 이때 등장했는데, 이것은 제조업의 도심 진입의 시작을 의미한다. 산업단지 관련 법률도 이 시기에 정비되었다. 산업입지와 공장설립에 관한 법률이 '산업입지 및 개발에 관한 법률(산입법)', '공업배치 및 공장설립에 관한 법률(공배법)' 등 2개로 통합되었다. 서해안 개발과 함께 대불공단, 군장공단 등이 개발되었고, 광주, 대전, 대구, 청주 등 지방 대도시에서 첨단산업단지 조성이 추진되기도 했다.

2000년대부터는 국가 균형발전과 광역 경제권 전략이 시행되었다. IT기술 기반의 첨단·신산업이 주도했다. 산업입지 정책도 분권·분산·분업이 주를 이뤘는데, 지역별 특성화, 차별화, 경쟁력 강화 등이다. 이런 특성화와 차별화 방안에 따라 다양한 유형의 산업단지가 조성되었다. 특정 산업이나 기업 유치를 목적으로 한 혁신 클러스터 조성이 시작되었는데, 과학연구단지, 벤처전용단지, 문화산업단지 등이 그것이다.

또, 외국인 투자 기업과 중소기업의 입지 지원을 위해 경제자유구역, 장기임대 산업단지제도도 생겼다. 2000년대부터는 산업 구조의 고도화로 산업입지와 단지 개발에 다양한 부처가 관여했다. 국토교통부와 산업자원부가 담당하던 산업단지 개발과 관리를 정보통신부, 과학기술부 등의 부서에서도 추진할 수 있게 되었다. 2001년에는 도시첨단산업단지가 등장해 도시 내 첨단산업 육성과 복합개발을 통한 고밀·복합개발이 가능해졌다. 도심 내 산업입지와 관련해 주목해야 할 내용이다.

2010년대 이후는 지역이 주도하는 분권형 균형발전의 시기였다. 첨단 클러스터 육성 및 기존 산업단지 경쟁력 확보가 주된 관심사였다. 새로운 산업단지를 조성하기보다는 첨단산업단지를 발전시키는 일에 집중했다. 성숙기와 쇠퇴기에 있는 기존 산업단지의 고도화에 역량을 모았다. 기존 산업단지에 디지털 환경을 접목함으로써 미래 신산업을 수용하기 위해서다. 입주 기업의 저탄소 전환을 지원하거나 친환경 인프라를 확대하는 등 그린 산업 환경 조성에도 적극적이다. 입주 기업의 성장을 위해 디지털 안전 인프라 구축, 입주 기업을 위한 자금, 경영, 기술 및 정책 지원도 진행 중이다.

산업의 경쟁력은 바로 도시 경쟁력으로 이어진다. 기술의 융·복합화 추세에 따라 과거 제조업 중심의 산업단지를 첨단·지식서비스업으로 기능을 확대해야 한다. 주거·상업·위락시설 등 배후시설을 설치해 직주근접의 혁신 클러스터가 조성되고 있다. 산업입지의 지원 기능과 산업 간 연계도 강화하고 있다. 산업입지가 혁신 생태계의 핵심이기 때문이다. 특히, 지방 도시에서는 근로자의 주거 환경 개선을 위해 산업단지 인근에 주거복합시설을 설치해서 QWL(Quality of Working Life, 근로 생활의 질)을 강화하는 중이다.

구분	1960년대	1970년대	1980년대	1990년대	2000년대
발전 단계	산업 발전 기반 형성기	중화학 공업 기반 확충기	산업 구조 조정기	산업 발전 도약기	산업 발전성장·확대기
산업 정책	수출 경공업 (섬유·봉제)	중화학 공업 (석유화학·선박)	산업 지방 분산 (반도체·자동차)	산업 구조 고도화 (S/W·IT)	지식기반산업 (인터넷·ICT)
중점 지역	서울·지방 도시	남동임해 지역	내륙·지방 도시	서해안 지역	대도시
관련 법규	수출산업 공업단지 개발조성법	• 지방공업개발법 • 산업기지개발법 • 공업배치법	• 수정법 • 농어촌소득원 • 개발법	• 산입법 • 공배법	• 산입법 개정 • 문화산업진흥법 • 입지절차간소법
주요 산업 단지	• 울산공업센터 • 수출산업단지	• 창원기계공단 • 마산수출지역 • 울산석화공단 • 옥포산업기지	• 서남권산단(대불·군장 등) • 농공단지 개발	• 첨단과학산단 • 외국인 투자 지역 • 테크노파크 조성	• 도시첨단산단 • 문화산단 • 정보통신산단 • SW진흥단지

시대별 산업단지의 발전 단계. 과거 산업단지 단계를 통해 새로운 산업 수요에 대응하는 산업입지 정책을 설계해야 한다.

출처 : 저자 정리

🌐 수도권 규제와 국가경쟁력

우리나라 수도권은 압축 성장을 통한 성공신화를 실현한 핵심 지역이다. 그러나, 이 영광의 뒷면에는 국토 불균형을 불러온 원인이라는 오명이 따랐다. 한강의 기적을 이룬 수도권의 역사는 규제와 통제의 역사라고 해도 무방하다. 1960년대부터 수도권을 대상으로 한 다양한 규제 정책이 시작되었다. 대도시 인구 집중 방지책(1964), 대도시 인구 및 시설의 조정 대책(1969) 등이 그것이다. 본격적으로 수도권에 대한 규제가 시작된 것은 1982년이다. 농촌을 떠나 도시로 향하는, 이촌향도 현상으로 수도권의 과밀화가 심각한 사회 문제로 대두되면서 '수도권정비계획법'이 제정된 것이다.

이 법의 취지는 과밀과 환경오염으로부터 수도권을 보호하자는 것이다. 서울·경기·인천 등 수도권 전 지역을 과밀억제권역, 성장관리권역, 자연보전권역으로 구분해 공장이나 학교, 대형 업무시설 등 인구유발 시설을 제한하기 시작했다. 수도권 정비계획은 수도권 인구 안정화를 기본 전제로 수도권의 국제 경쟁력을 갖추면서 지방과 상생 발전하는 '질적 발전'을 추구한다는 방침을 내세웠다. 그러나 사실상 인구, 산업, 대규모 시설 등을 강도 높게 규제해온 대표적 수도권 억제 정책이다.

이 법으로 인해 필요 지역에 공장과 학교, 업무시설을 짓지 못해 피해를 보는 사례가 늘어났다. 중요한 목표인 수도권의 인구 안정화도 이루지 못했다. 당초 2020년까지 추세 인구 2,613만 명을 2,375만 명 이하로 안정화하겠다는 목표를 세웠으나, 2022년 기준 수도권 인구는 전국 인구의 50.5%에 해당하는 2,604만 명이다. 1990년 말 IMF 사태를 계기로 완화 조치가 추진되면서, 수도권과 비수도권의 극한 대립의 원인이 되기도 했다.

수도권 산업단지 공급 물량 제한, 공장 총량 규제 등 수도권 내 산업입지 억제 기조는 지속되고 있다. 국가 간 도시권 간의 경쟁이 치열해지고 있는 가운데, 계획입지를 통한 수도권 내 산업입지 공급이 어렵고, 도심형 산업입지 공급으로 도시 재생 또한 쉽지 않은 상황으로 수도권의 경쟁력 확보가 시급한 상황이다.

최근 120조 원의 자원이 투입되는 첨단 반도체 클러스터가 경기도 용인시에서 진행되고 있으며, 같은 지역인 수도권에 300조 원의 투자가 발표되는 등 첨단산업을 위주로 수도권에 대한 투자가 진행되고 있다. 수도권 내 산업입지 조성을 통해 우수 연구 인력을 유치하고, 첨단산업을 발전시키겠다는 기업의 요구가 거세다. 또, 이러한 기업의 요구를 정부가 무시할 수 없는 국면이라는 것도 보여준다. 정부에서도 2020년에 재수립된 제4차 수도권정비계획(2021~2040년)에 혁신 성장과 스마트 반도체 벨트 등 특화 산업 거점 조성계획을 반영한 바 있다.

특정 지역을 억제함으로써 다른 지역을 발전시킨다는 계획은 실현되기 어렵다. 오히려 글로벌 대도시권의 경쟁에서 뒤처지는 경쟁력 약화 현상을 초래할 뿐이다. 전체 국토의 차원에서 각 지역의 역할과 기능을 부여하고 압축과 연계를 통해 모두 잘살 수 있는 국가를 만들기 위한 정책이 필요하다는 것을 보여주는 대목이다.

글로벌 혁신 클러스터 성공 사례

🌐 구도심 재생과 청년 창업, 테크 시티

산업화 시대의 핵심 생산 요소가 자본과 노동이었다면, IT·지식산업이 주도하는 디지털 시대의 키워드는 창조성이다. 산업혁명의 발상지로 산업사회를 이끌었던 영국에서는 1970년대 이후 탈산업화 현상이 나타났다. 탈산업화에서 일어나는 도시 문제 해결을 위한 방안 중 하나는 창조 도시 이론이다. 1998년부터 영국은 창조 산업을 육성하고 창조 도시를 만드는 데 주력했다.

창조 클러스터 조성을 통해 탄생한 대표적인 창조 도시는 런던의 테크 시티(Tech City)다. 2016년 전 세계적으로 인공지능 열풍을 일으킨 알파고가 탄생한 곳이기도 하다. 테크 시티는 슬럼(Slum) 지역의 재개발이 아닌, 기존 도시를 그대로 둔 채 창업자들이 자발적으로 모여 생태계를 형성하며 발전했다.

'테크 시티'는 런던 중동부 쇼디치와 올드스트리트에 위치한 슬럼가였다. 소규모 공장이 밀집하고, 가난한 노동자들이 거주했다. 2008년 금융위기가 시작되자 하이테크 벤처기업들은 자발적으로 이 지역을 찾았다. 런던 도심과 가깝고 임대료가 저렴했기 때문이다. 많은 기업이 둥지를 틀면서 도시가 발전하기 시작했다. 데이비드 캐머런(David Cameron) 전 영국 총리의 ICT 강화를 위한 2011년 테크 시티 프로젝트 발표에 힘입어, 글로벌 스타트업의 중심지로 발전했다. 영국 정부는 지역에 적합한 혁신적인 창업 정책을 추진했다. 온라인 창업, 자본금 제한 철폐, 자유로운 설립과 폐업 등과 함께, 창업가들의 정착을 위한 엑셀러레이팅(Accelerating) 공간 조성 등이 정책의 골자다.

테크 시티는 핀테크(FinTech)와 관련된 글로벌 스타트업의 중심지로 떠올랐다. 2011년 200개였던 기업들이 2012년 5,000개로, 그리고 2013년에는 1만 5,000개를 넘어섰다. 테크 시티는 인근 대학과 연구·비즈니스 모델이 연결되어 있다. 스타트업이 집중되면서 법무·세무·회계 등 다양한 전문가들도 모여들었다. 테크 시티의 급속한 성장세에 세계적인 기업들도 속속 입주하기 시작했다. 구글, 아마존, 메타, 인텔 등 글로벌 ICT 기업들도 런던으로 이전했다. 이들 기업은 이곳에 프로그램 개발센터나 디지털미디어 개발센터 등을 설치해 스타트업의 투자와 양성을 지원한다. 현재 런던의 테크 시티는 미국 실리콘밸리와 뉴욕, 중국 베이징에 이어 유니콘 스타트업이 가장 많은 도시로 성장했다.

🌐 테크 시티의 성공 요인

첫째, 런던 도심으로의 접근성이다. 런던은 이미 대표적인 금융 중심지로서, 세계적인 금융 기관과 캐피털로부터 자금 지원이 용이하다. 국제적인 대도시에 접근하고 있다는 것은 직접적인 지원 외에도 국제적 수준의 클러스터 조성에 적합한 환경이며, 혁신의 연결성을 가지고 있다는 것을 의미한다.

둘째, 저렴한 입지와 임대료 등 벤처 창업가들에게 매력적인 지역이다. 테크 시티가 위치한 지역은 가난한 노동자들이 거주하던 곳으로,

런던 테크 시티. 영국 런던 북동부의 ICT기업 밀집 지역이다. 핀 테크의 메카, 신생 벤처기업의 허브로 부상하고 있다.

출처 : 게티이미지뱅크

산업화 이후 100여 년 가까이 방치되어왔다. 최상의 입지임에도 불구하고 개발에서 소외되어 진입장벽이 낮은 지역으로, 2008년 금융위기 이후 저렴한 입지를 찾던 하이테크 벤처 창업자들에게는 좋은 공간이었다.

셋째, 정부의 적극적인 지원이다. 정부는 테크 시티의 성공을 위해 창업에 대한 진입 문턱을 낮췄다. 온라인으로 법인 등기가 가능하고, 자본금 제한도 없앴다. 폐업 시에도 마찬가지다. 회사가 경영상 어려움에 있을 때, 직원들의 정리해고가 쉽고, 회사가 부도가 나더라도 경영자는 자본금에 대해서만 책임지면 된다. 실패에 대한 부담이 적어 재창업도 수월하다. 정부는 테크 시티 투자청을 설립해 기업을 지원하고 있다. 클러스터 내 창업 기업에 대한 금융 지원, 지적 재산권 및 기업 간 정보 공유를 위한 기회 제공, 다양한 홍보 활동을 수행 중이다.

넷째, 창조적 환경의 거버넌스 조성이다. 테크 시티 투자청은 정부와의 연결을 담당하고, 국내외 대기업은 비즈니스 시설 제공 등을 통해 인큐베이팅, 엑셀러레이팅 등의 역할을 분담했다. 테크 시티에 창조적인 거버넌스가 조성된 것이다. 그 결과 스타트업 커뮤니티가 활발히 작동했다. 성장 잠재력이 높은 기업만을 특별 지원하는 '더 디퍼런스 엔진', 핀테크 관련 스타트업에 자금 조달과 경영 자문을 지원해주는 민관 합동 핀테크 육성 기관도 있다. 테크 시티는 아이디어만 있으면 누구라도 전문 영역을 연구할 수 있고, 관련 지식 및 시설을 공유할 수 있는 분위기와 이미지를 보유하고 있다.

🌐 노후 산업단지의 재생, 스페인의 '22@바르셀로나'

스페인의 '22@바르셀로나'는 쇠퇴한 방직공장 지역을 지식집약형 첨단 도시로 재생시킨 사례다. 바르셀로나 동남부에 위치한 공업 지역인 포블레노우는 1860년부터 100년 넘게 스페인 공업의 중심지였다. 1965년 몬주익 지역에 새로운 공업단지가 조성되면서 급격히 쇠락했는데, 1992년 바르셀로나 올림픽을 계기로 새로운 전기를 맞이했다. 공항과 항구 사이의 연결고리가 되면서 비즈니스의 중심지로 떠오른 것이다.

이후 2000년에 도시 재생사업인 '22@바르셀로나 프로젝트'가 추진되었다. 이 프로젝트로 이 지역은 지식기반 산업을 중심으로 산업과 교육, 주거, 문화가 공존하는 혁신지구로 거듭나게 된다.

'22@바르셀로나 프로젝트'는 3단계로 진행되었다. 1단계는 도시 내 건물, 인프라 등 물리적인 환경 개선, 2단계는 지역 내 다양한 주체들의 통합으로 기업하기 좋은 환경 조성, 3단계는 시민이 참여하는 소통 공간의 조성이다. 여기에 ICT 기술을 접목하는 스마트 도시 재생까지 다양한 컨셉의 도시 재생이 진행되고 있다.

'22@바르셀로나'에서 '22@'는 EU 도시 계획의 공업전용지역 코드인 '22a'에서 유래한다. 공업전용지역(22a)이었던 지역이, IT·미디어 기반의 R&D, 지식 산업의 중심으로 변화된다는 의미다. 이 프로젝트를 통해 지식기반 산업뿐 아니라 교육과 주거 등 문화시설이 공존하는 혁신지구로 발전했다. 섬유·방적 등의 노동집약적인 산업에서 미디어, ICT 등 첨단 기술 산업으로 변신에 성공한 것이다. 입주한 글로벌 기업에서 부가가치가 높은 양질의 일자리가 창출되어 인재와 기업이 몰려드는 혁신의 장소로 성장했다. 현재 글로벌 IT 기업인 애플, 야후, 아마존, 메타, 위워크를 비롯한 8,200여 개 이상의 기업이 들어와 있고, 약 9만 명이 근무하고 있다.

● '22@바르셀로나'의 성공 요인

'22@바르셀로나' 프로젝트의 성공 요인은 다음과 같다.

첫째, 주거공간의 확보다. 단순한 산업 구조 변경이 아닌 물리적 도시 재생이 동반되었다. '22@바르셀로나' 프로젝트는 노후화된 산업단지를 주거·문화, 과학·교육, 생산·레저가 공존하는 신개념의 도시로 만드는 것이 목표였다. 개발 과정에서 토지 소유자에게 다양한 인센티브를 부여하는 대신 지분의 30%를 공공용지로 기부받는 형식으로 부지를 확보했다. 부지는 기존 주민들에게 저렴한 공공임대주택으로 공급되었다. 주거를 포함한 다양한 시설은 정주 환경 개선으로 이어져 우수 인재를 유입하는 결과를 가져왔다.

둘째, 장기계획으로 도시 재생을 추진했다. 무려 20년 이상의 장기 프로젝트로 추진된 것이다. 콤팩트&스마트 시티를 계획하고, 도시를 고밀 압축개발하고, 그 안에 다양성과 융복합이라는 최신의 트렌드를 담으려고 했다. 바르셀로나의 재생은 아직도 진행 중이다. 일반적인 도시 재생사업에 ICT 기술을 융합해 스마트 도시 재생이 긴 호흡으로 진행 중이다. 현재 바르셀로나에서는 친환경과 주거공간 확장에 중점을 둔 'new22@committtee 프로젝트'도 새롭게 추진되고 있다.

셋째, 민간 참여를 통한 사업비 마련이다. 바르셀로나 정부는 재원 마련을 위해 사유지였던 '22@바르셀로나'의 기존 부지 소유주들과 사업성 보장을 위한 협상을 진행했다. 소유주 지분의 30%를 공공용지로 기부받는 대신 나머지 70%에 해당하는 부지개발권과 건축물의 용적률 상향 등 인센티브를 준다는 내용이다. 정부는 기부받은 돈으로 22@지구의 인프라, 편의시설, 도로, 녹색공간을 형성하는 데 투자할 수 있었다. '슈퍼블록'이라는 개념을 도입해 교통량을 제한하고, 시민들의 교류 활동을 위한 도시 공간도 조성했다. 슈퍼블록은 바르셀로나를 구성하는 기본 공간 단위인 가로세로 113m의 정사각 블록인 '만사나' 9개를 한데 묶은 것이다. 가로세로의 길이가 각각 400m로, 약 5,000~6,000명이 생활하는 작은 커뮤니티 단위다.

넷째, 정부와 시 의회 주도의 원활한 민관 협력이다. 재생사업을 전담할 '22@'를 시의회 주도로 구성했는데, 이 기관은 비즈니스, 과학, 교육 등 각종 제도나 전략을 수립하기 위한 민관 협력 거버넌스다. 이 기관이 계획 수립, 기업 유치와 개발사업을 시행했고, 시 정부는 인프라 건설 지원, 민간은 개별 건축 등의 재생사업을 추진하는 등 민관 협력의 거버넌스로 추진되었다.

다섯째, 사업 초기에 혁신 클러스터를 이끌 산업을 선정했고, 이를 주도할 앵커기업(선도기업)을 입주시켰다. 클러스터의 정체성을 명확히 하기 위한 핵심 산업 선정과 그에 맞는 앵커기업 유인은 산업 생태계 형성을 위한 핵심 요인이다.

🌐 대학이 만든 도시, 리서치 트라이앵글 파크

미국 노스캐롤라이나주에 있는 '리서치 트라이앵글 파크(Research Triangle Park, 이하 RTP)'는 혁신 클러스터의 대표적인 성공 사례다. RTP 는 노스캐롤라이나주 중앙에 위치한 약 856만 평 규모의 연구 중심 혁신 클러스터다. 이 지역이 트라이앵글 파크로 불리는 것은 지역을 중심으로 3개의 대학이 삼각형으로 연결되어 있기 때문이다. 3개 대학 은 롤리시의 노스캐롤라이나주립대학, 더럼시의 듀크대학, 채플힐시 의 노스캐롤라이나대학이다.

RTP가 위치한 노스캐롤라이나주는 섬유, 담배, 목재 등 전통 제조 업이 강세를 보이던 지역이었는데, 1950년대 이후 제조업이 쇠퇴하면

리서치 트라이앵글 파크 채플힐의 전경. 캘리포니아주 실리콘밸리와 쌍벽을 이루는 연구 중심 혁신 클러스터다.

출처 : 게티이미지뱅크

서 어려움을 겪고 있었다. 주 정부는 지역 내 3곳의 대학에서 매년 배출되는 지역 인재를 도시 재생의 촉매로 삼기로 했다. 1959년 조성된 RTP는 교통의 요지다. 롤리-더럼 국제공항, 6개의 지역 공항과 2개의 항구를 비롯해 플로리다, 뉴욕, 노스캐롤라이나와 캘리포니아를 연결하는 다수의 연방고속도로와 쉽게 연결된다.

제조업의 성격이 강한 지역의 특성상 글로벌 첨단기업을 유치하는 데 어려움이 있었으나, 1965년 국립환경보건연구소와 IBM이 입주하면서 상황이 반전되었다. 현재는 IBM과 시스코, 신젠타, BASF 등 글로벌 기업 700곳을 비롯해 정부 연구기관 등 7,000개 이상의 기업과 연구소가 입주해 있다. 이들은 농업·환경·생명공학, 첨단 제조 등 여러 산업 분야에서 비즈니스 생태계를 구성하고 있다. RTP는 가장 성공적인 연구 중심 클러스터로 평가받고 있다.

RTP의 성공은 인근 세 도시의 발전에도 기여했다. 이 지역의 가구당 소득은 2000년 4.5만 달러에서 2015년 6.8만 달러로 증가했으며, 가구당 소득 10만 달러 이상의 가구 비중을 나타내는 고소득 가구는 2000년 14%에서 2015년 30%로 대폭 증가했다.

🌐 리서치 트라이앵글 파크의 성공 요인

RTP의 성공 요인은 다음과 같다.

첫째, 창조 도시의 필수요인인 우수 인재의 보유다. RTP 지역은 10개의 대학과 7개의 커뮤니티 칼리지에서 매년 많은 인재를 배출하고 있다. 지역 주민의 47%가 학사 이상이고, 박사학위 보유자는 미국 내 4위에 해당한다. 2017년 기준 3,987명의 박사학위를 수여한 지역이기도 하다.

둘째, 우수한 인재가 선호하는 인프라 환경이다. 뉴욕과 마이애미 사이에 위치한 RTP는 국제공항과 6개의 지역 공항, 2개의 항구와 여러 개의 고속도로가 연결되어 있다. 이들 인프라를 통해 뉴욕과 플로리다, 캘리포니아를 연결할 수 있는 편리한 교통 여건을 갖추고 있다. 또, 쾌적한 생활 환경과 다른 지역에 비해 저렴한 주거 비용 등이 장점이다.

셋째, 주 정부와 세 도시, 대학, 기업 등의 긴밀한 산학네트워크를 통한 유기적인 협력이다. 초기 단계부터 혁신 생태계 구축을 위해 체계적으로 지원한 주 정부와 과학기술위원회를 설립해 연구기금 배분, 과학기술 정책을 수립하고 지원한 주 의회와 세 도시, 그리고 지역 내 연구 중심 대학 세 곳의 유기적인 협력이 주요 성공 요인이다.

넷째, 혁신 클러스터의 발달된 배후단지다. 신도시 규모의 클러스터에는 주거, 상업, 위락, 업무 등 자족 요소가 결합되어 있다. 복합 도시로서 양질의 연구 환경 제공에 유리하다. 클러스터 인근에 비즈니스 파크가 있고, 주거지와 상업·업무시설이 적절하게 배치되어 정주 환경이 좋은 생활권이 형성되었다.

다섯째, 창업하기 좋은 환경이다. 대학을 졸업한 청년 인재들이 창업하기 용이한 환경이다. 청년 창업자들은 월 단위 임대 계약이 가능하다. 저렴한 가격으로 사무실을 임대하고 가구도 무료 활용이 가능하다. 스타트업의 산실로서의 역할뿐 아니라, 성장해 안정적인 궤도에 진입한 기업은 '엑셀러레이터 센터'에서 맞춤형 컨설팅을 통해 다음 단계로의 도약을 도움받는다.

여섯째, 전문적인 관리 주체가 효율적인 관리를 진행한다. 클러스터의 효율적인 개발과 관리·운영을 위해 전문적인 관리기관인 RTF(Research Triangle Foundation)를 설립했다. RTF는 단지 계획 및 설계, 센터 운영, 마케팅, 회계 등 사업 운영 및 창업보육, 인적 교류를 담당한다. 특히 연구기관인 'RTI International'을 설립해 우수한 연구 인력과 기업들을 유치했다. RTI는 주 정부가 설립하고, 3개 대학이 공동 운영하는 세계적인 연구기관이다.

⊕ 대한민국 판교테크노밸리

판교테크노밸리는 2004년 경기도에서 주도적으로 조성한 첨단산업 중심의 혁신 클러스터다. 성남시 판교택지개발지구 내 약 20만 평 규모로 수도권 지식산업 클러스터를 조성하기 위해 만들어졌다. 2007년 본격적으로 개발되어 2015년에 최종 완공했다. 국내에 존재하는 테크노밸리 사업 중 가장 성공한 사업으로 손꼽히며, '한국의 실리콘밸리'라고도 불린다.

지난 2022년 12월, 경기도에서는 판교테크노밸리 실태조사표를 발표했다. 이 자료에서 판교테크노밸리의 괄목할 만한 성장을 알 수 있다. 2022년 기준 입주 기업은 1,642개로, 91.2%는 첨단업종이며, 중소기업이 87%를 차지했다. 입주기업의 2021년 매출액은 약 120조

판교테크노밸리는 경기도가 주도적으로 조성한 첨단산업 위주의 혁신 클러스터다.

출처 : 성남시 홈페이지

8,000억 원이다.

판교테크노밸리가 조성될 무렵, 서울 강남 테헤란밸리에 많은 벤처 기업이 모여들면서 공간 부족과 임대료 상승의 문제가 나타났다. 이 것을 간파한 경기도는 판교테크노밸리를 조성했고, 강남의 기업과 인 력을 흡수하면서 급속도로 성장했다. 판교테크노밸리를 업종별로 살 펴보면, 정보기술(IT) 66.8%, 생명공학기술(BT) 14.4%, 문화콘텐츠기술 (CT) 10%, 나노기술(NT) 1.1% 등 91.2%가 첨단업종이다. 판교테크노밸 리의 상시 근로자는 73,443명이다. 근로자의 주요 연령대는 30~40대 가 49,653명으로 67.6%이며, 연구 인력은 36.2%(26,606명)이며, 여성 인 력은 28.9% (21,290명)를 차지한다.

판교테크노밸리의 성공에 힘입어, 판교테크노밸리 북쪽 지역에 판 교창조경제밸리로 불리는 제2 판교테크노밸리가 건설되고 있다. 판교테크노밸리 인근에 있던 한국도로공사가 경상북도 김천시로 이전함에 따라 이 지역을 포함한 일대에 제2의 IT 단지를 유치하겠다는 계획이다. 또, 제2 판교테크노밸리 인근 그린벨트를 제3 판교테크노밸리로 조성한다는 계획도 발표했다. 제2, 제3 판교테크노밸리가 완공되면 상주 인원 15만 명 규모의 거대한 첨단 혁신 클러스터로 발전할 것이다.

⊕ 판교테크노밸리의 성공 요인

판교테크노밸리의 성공 요인은 다음과 같다.

첫째, 뛰어난 입지다. 판교테크노밸리는 지식기반 산업이 밀집한 서울시 강남구, 서초구, 송파구 등에 인접해 있다. 신분당선 등 대중교통으로 20분 안팎이면 강남을 오고 갈 정도로 강남 접근성이 뛰어나다. 포화 상태인 강남에서 탈출해 값싼 임대료로 시설을 이용하면서도 강남에서의 혜택을 누릴 수 있다. 경부고속도로, 용인서울고속도로, 제2경인고속도로 등 도로 접근성도 매우 높다. 또, 수원·화성·용인 등 지식기반 산업과 첨단 제조업이 활성화된 도시들 인근에 입지해 연계된 다양한 효과를 누릴 수 있다.

둘째, 경기도의 차별화된 관리 방식이다. 판교테크노밸리는 경기도가 전략적으로 추진한 클러스터다. 초기부터 완료 시까지 정책적인 의지를 가지고 추진했다. 저렴한 용지 조성, 첨단산업 분야로의 업종 제한, 주거·환경 등을 고려한 정책으로 조성 초기부터 적극적으로 관여했다. 업종 제한은 획기적이면서도 어려운 결정이었지만, 판교테크노밸리는 IT 관련 R&D 융·복합 분야로 업종 범위를 좁혀 다른 지식기반 산업단지와 차별화를 꾀했다. 사후관리에도 차별화 정책을 사용했다. 단순한 산업 집적지가 아닌 혁신 주체들이 교류하는 혁신 클러스터로 발전하기 위한 전략이었다. 일반적인 산업단지가 단순히 유지·관리를 위한 산업단지관리공단을 설치·운영하는 데 반해, 판교테크노밸리는 경기도 과학기술 전문기구인 경기도경제과학진흥원에 단지 관리를 위탁했다. 혁신 주체 간 유기적 협력이 가능도록 만들기 위한 의지의 발현이었다.

셋째, 직·주·락(職·住·樂)의 자족형 혁신 도시를 만들기 위해 배후시설을 조성했다. 혁신 클러스터와 함께 초대형 업무지구와 우수한 주거시설을 갖춘 27만 평의 판교신도시가 건설되었다. 판교신도시 주거지역의 녹지 비율은 38%에 달한다. 운중천을 따라 다양한 공원과 산책로가 형성된 쾌적한 주거 환경이 장점이다. 판교신도시는 양호한 경관을 고려해 주거 유형을 적정 배치해 다양한 계층이 골고루 거주할 수 있도록 했다. 교육 기능도 우수하다. 여기에 인구 100만 명의 분당신도시의 주거와 도시 인프라를 그대로 이용할 수 있다.

넷째, 지식의 창출과 확산이 이뤄지도록 설계했다. 판교테크노밸리 내에는 대학이 존재하지 않지만, 서울과 용인, 수원, 성남 등 인접한 지역에 역량을 갖춘 대학들이 다수 입지했다. 이들 대학과, 대기업, 기술기반 벤처기업, 민간·공공연구소 등 다양한 연구기관들이 서로 연계하며 활발한 지식 창출이 이뤄지도록 협력체계가 구성되어 있다. 이렇게 생산된 지식들은 클러스터 내부에서 활성화된다. 클러스터 활성화를 위해 산학 연관 네트워크 촉진, 인력 양성, R&D 지원 등 정책 지원도 이뤄진다.

이 밖에 토지를 원가 수준으로 공급해 연구소를 보유한 중견 기업 유치가 원활하다. 또, 판교신도시 인근에 구매력 있는 30대, 40대 연령층의 집적으로 창조적인 도시 공간이 창출된다는 점도 커다란 장점이다.

판교테크노밸리는 우리나라 혁신 클러스터의 성공 사례로 해외에서 잘 알려져 있다. 중국 리커창(李克强) 총리 등 정치인을 비롯해 기업 관계자들 다수가 판교테크노밸리를 방문했다. 판교테크노밸리는 디지털과 4차산업혁명, 자율주행 중심의 도시첨단산업단지로 발전할 것이다.

혁신 성장,
네트워크가 답이다

국내외 4개의 혁신 클러스터 사례를 통해, 지역별 성공 요인과 혁신 인재가 선호하는 도시형 입지의 요건을 도출해보고자 한다. 각 클러스터의 성공 요인을 분석해보면, 입지 여건, 교통 여건, 혁신 역량으로 구분할 수 있다.

표는 국내외 사례를 통해 입지의 성공 요인을 세분화한 내용이다. 각 요인의 주요 내용은 다음과 같다.

첫째, 입지 여건은 단지가 가지는 위치상 특성이다. 주변 시설과의 관계나 거리에 따라 형성되는 단지의 특성이다. 입지 여건은 크게 도시 인프라, 편의시설, 도시의 이미지로 구성된다. 이 중 도시 인프라는 교육, 주거, 의료시설 등 도시 생활에 필요한 제반 여건이다. 편의시설은 주거와 상업, 위락 등 생활의 편의성을 제고하는 시설이다. 공원과 전시장, 공연장, 쇼핑시설 등이 여기에 속한다. 도시 이미지는 도시 자

구분		주요 내용
입지 여건	도시 인프라	도시 생활에 필요한 교육·주거·의료 등 기반시설
	도시 편의시설	공원·전시장·공연장, 쇼핑시설 등 각종 편의시설
	도시 이미지	도시의 관용성이나 발전 가능성. 행정서비스 등 이미지
교통 여건	도심 접근성	현 위치에서 대도시 도심까지의 접근성
	도로 접근성	현 위치에서 각종 도로 진입을 위한 접근성
	대중교통 편의	버스, 지하철, 철도, 공항, 녹색교통 등 대중교통 접근성
혁신 역량	혁신 환경	혁신 제도, ICT 인프라, 네트워크, 정책적 지원
	혁신 활동	혁신 전략, R&D 투자, 교육훈련, 기술협력과 확산
	혁신 자원	혁신 인재, 혁신 기업, 혁신 기술, 지원 기관

글로벌 혁신 클러스터의 성공 요인은 입지 여건, 교통 여건, 혁신 역량 등으로 구분할 수 있다.

출처 : 저자 정리

체가 가진 특성, 사람들의 인식이다. 도시의 관용성, 발전 가능성, 행정 서비스 등이 포함된다.

둘째, 교통 여건은 도시가 가지는 교통 관련 특성이다. 도심과의 접근성, 도로 접근성, 대중교통 여건 등이 여기에 포함된다. 도심 접근성은 이미 활성화되어 있는 대도시와 인접해 도시 인프라를 어느 정도 활용 가능한지에 대한 지표다. 도로 접근성은 고속도로, 전용도로 등 도로와의 접근성을 말한다. 대중교통은 도로, 철도, 항공 등을 포괄한다. 최근에는 녹색교통 및 복합환승센터를 통한 타 교통시설의 이용까지 포함된다.

셋째, 혁신 역량은 해당 단지가 보유한 차별화된 능력이다. 혁신 역량에는 혁신 환경, 혁신 활동, 혁신 자원 등이 포함된다. 혁신 환경은 특정 지역 내 경제 주체 간의 다양한 협력과 교류를 통해 학습효과, 시너지효과, 파생효과를 나타내는 상황이다. 혁신 제도, 혁신 인프라, ICT 인프라, 네트워크, 정책적 지원 등이 혁신 환경의 주요 요소다. 혁신 활동은 조직이 목표를 달성하기 위해 새로운 생각이나 방법으로 기존의 업무를 다시 계획하고 실천하며 평가하는 활동이다. 혁신 전략의 수립, R&D 투자, 교육훈련, 기술협력과 확산 등이 혁신 활동에 포함된다. 혁신 자원은 혁신을 창출하는 데 필요한 기본 요소다. 지식 창출과 혁신 활동에 투입되는 혁신 생산 요소라고도 한다. 혁신 자원은 혁신 인재나 기업, 혁신 기술, 혁신을 지원하는 기관 등이 포함된다.

최근 산업의 패러다임이 변화하고 있다. 전통적인 제조업에서 첨단 산업을 넘어 지식기반 산업으로 발전하는 중이다. 이에 따라 경제의 기반 역시 자원기반에서 지식기반으로 전환되고 있다. 이러한 지식기반 산업과 경제를 담을 수 있는 새로운 혁신지구가 필요하다. 대도시 외곽의 대규모 산업단지는 이런 산업의 패러다임 변화에 부응하지 못한다. R&D와 교육, 기술사업화, 생산 등 다양한 기능의 융·복합화를 수용할 수 있는 새로운 공간 조성이 필요했고, 이 공간이 바로 혁신 클러스터가 혁신 클러스터는 혁신 기능을 중심으로 집적한 지역이다. 특정 산업을 특화한 산업 클러스터와는 다르다. 만약 일반적인 산업 클러스터를 혁신 클러스터로 진화하기 위해서는 산학 연계가 선행되어야 한다. 지식기반 산업이 집적된 클러스터 간 연계가 이뤄지고, 대학과 공공기관, 지역의 핵심 기업, 산학 중개기구 등의 연계가 활성화된다면 혁신 클러스터를 통한 도시의 혁신 생태계가 완성될 수 있을 것이다.

COMPACT
NETWORK

5

도시의 희망, 청년

건강한 뿌리,
로컬 크리에이터

국가와 도시 성장의 주요 요인은 기술의 진보, 자본의 축적, 인구와 인적자본의 증가 등이다. 이 중 인적자본(Human Capital)은 국가와 도시를 망라해 중요한 요소다. 인적자본은 사람에 체화된 자본이므로 우수한 능력을 보유한 사람이 도시를 떠나면 그 사람이 보유한 능력도 함께 유출된다. 도시에서 인적자본은 지식의 파급이라는 긍정적 외부효과를 일으키기도 한다. 우수한 인적자원을 흡수한 도시는 그 사람이 보유한 학습이나 혁신 능력, 새로운 기술과 아이디어를 수용할 수 있다. 한 도시에 우수한 인적자본이 축적되면 노동생산성 향상, 1인당 소득 증가, 인구 유입 등 선순환이 시작된다.

인적자본 유출로 인한 지방 도시의 쇠퇴는 심각해지고 있다. 침체된 도시를 살리는 방법은 젊고 유능한 인적자원을 지방 도시로 회귀시키는 것이다. 이들을 통해 지역의 가치와 정체성을 살리는 것이 위기의 지방 도시에서 해야 할 일이다.

대부분의 지방 도시들은 다양한 역사·문화, 자연환경, 관광자원을 보유하고 있다. 그러나 이를 활용하거나 지역 산업으로 성장시킨 사례는 많지 않다. 지방 도시는 늙어가고, 소중한 지역 문화도 퇴색해간다. 지역 문화 재생을 위해 도시들이 노력하고 있으나, 대부분의 사례는 특정 지역에 문화 공간을 조성하거나 전통 거리를 복원하는 수준에 머물러 있다.

쇠퇴하고 축소되는 도시에 필요한 것은 청년들이다. 청년들의 창의성과 참신함을 이들 도시의 자연환경, 문화적 자산에 덧입힐 수 있다면 도시는 한층 밝아질 수 있다. 지역 자산에서 사업적인 가치를 창출하고, 이를 통해 수익을 올리는 청년들이 생겨난다면 도시와 청년이 함께 성장할 수 있다.

대도시에는 무한 경쟁에 지친 청년들이 많다. 각박한 도시의 삶에 상처를 받고 고향을 그리워하는 사람들도 있다. 한적한 지방 도시에서 자신만의 삶을 개척하고 싶어 하는 청년들도 있다. 바로 이들을 지방 도시를 살릴 지역 인재로 만들어야 한다. 축소를 겪고 있는 지방 도시에서 해야 할 일이다.

지방 도시와 청년들을 연결하기 위해서는 그 지역을 알고, 지역의 정체성을 살릴 수 있는 사람이 필요하다. 이런 전문적인 역할을 하는 사람들이 바로 로컬 크리에이터(Local Creator)다. 지역 가치 창업가라고도 한다. 지역을 뜻하는 로컬(Local)과 콘텐츠를 제작하는 사람을 뜻하는 크리에이터(Creator)의 합성어다. 지역 고유의 특성과 자원을 찾아 이를 재해석하고, 혁신적인 아이디어를 결합해 사업적 가치를 창출하는 창업가들로, 지역의 정체성에 맞는 일자리와 청년들에게 필요한 공간을 만드는 것이 그들의 역할이다.

교통 기술과 정보통신 기술의 발달로 지방 도시를 찾는 청년들이 많아지고 있다. 인터넷 접속을 전제로 노트북만을 이용해 공간에 제약받지 않고 근무하며 자유롭게 생활하는 사람들인 디지털 노마드(Digital Nomad)도 늘고 있다. 유연 근무제의 확산도 대도시 청년들을 지방으로 불러들이는 요소 중 하나다. 일부 기업을 중심으로 놀면서 일하는 워케이션(Workcation) 방식의 근무가 트렌드로 자리 잡고 있다. 워케이션은 일(Work)과 휴가(Vacation)를 병행한다는 의미다. 원격근무와는 달리 휴양지나 관광지에서의 근무를 허용하는 시스템이다. 청년들이 필요한 지방 도시에서 관심을 가질 만한 변화다. 최근의 트렌드를 이용해 지역을 잘 아는 로컬 크리에이터를 육성하고, 도시 내 유휴 공공시설을 창의적으로 활용할 필요가 있다. 이것이 침체를 겪고 있는 지방 도시에 새로운 돌파구가 될 수 있다.

🌐 로컬 크리에이터의 유형

지역이 콘텐츠를 만들어내는 주체로서 로컬 크리에이터의 역할이 강조되고 있다. 베이커리, 브루어리, 갤러리 등 골목 산업을 창의적인 라이프스타일과 연계하려는 움직임이 빨라지고 있다. 특히, 침체기에 있는 지방 중소 도시를 활성화할 수 있는 구체적인 대안으로 로컬 크리에이터가 주목받고 있다. 창업진흥원에서는 로컬 크리에이터의 비즈니스 유형을 7가지로 분류했다. 로컬 크리에이터에 대한 기준을 구체화하기 위해 사업유형을 7가지로 나눈 것인데, 그 유형은 다음과 같다. 지역 고유의 특성을 바탕으로 지역의 자연과 문화 자원을 비즈니스로 연계하는 로컬 크리에이터는 로컬 푸드, 지역 가치, 디지털 문화 체험, 지역 기반 제조, 거점 브랜드, 지역 특화 관광, 자연 친화 활동으로 구분된다.

로컬푸드 유형

로컬푸드는 장거리 수송과 다단계 유통을 거치지 않고, 자기 지역에서 생산한 신선하고 안전한 식품이다. 지역에서 재배한 식재료에 로컬 크리에이터의 아이디어와 특별한 제조 공법을 활용해 비즈니스화한 것이다. 이 유형의 대표적인 로컬 크리에이터는 춘천의 '청년농부'다. 공급과잉으로 감자의 가격이 폭락하던 시기에 힘들어하던 아버지를 돕기 위해 26살에 귀촌한 청년이 200억 원의 매출을 올리는 로컬 크리에이터로 성장한, 농업법인 밭의 대표다. 춘천 지역 감자에 특색 있는 아이디어를 접목해 춘천의 명물인 로컬푸드 '감자빵'을 탄생시켰다. 골칫덩이였던 감자에 가치를 담은 결과였다.

지역 가치 유형

지역 가치 유형의 로컬 크리에이터는 지역 문화와 혁신적인 아이디어를 융합해 새로운 경제적·문화적 가치를 창출한 유형이다. 이 유형의 사례는 충남 서천군 한산면에 있는 자이언트 삶 기술학교다. 자이언트 삶 기술학교는 청년들이 자신만의 삶의 기술을 찾아 자립하고 정착하게 해준다. 서천군은 전통 모시와 소곡주로 유명하다. 1500년 전통을 이어온 작은 시골 마을의 지역 가치를 도시 청년들을 통해 비즈니스로 승화시켰다. 전통 모시와 소곡주를 만드는 장인의 기술을 배워 귀촌의 꿈을 이루도록 지원한다. 도시 청년과 전통의 가치를 보유한 시골 마을을 연결해 일하는 공간을 만들고, 전통문화를 계승하는 것을 도와주는 로컬 크리에이터 유형이다.

디지털 문화 체험 유형

이 유형의 로컬 크리에이터는 역사와 문화가 담긴 지역의 유적지와 문화재를 첨단 기술과 ICT를 활용해 재해석하고 체험하도록 도와준다. AR, VR 등 메타버스 기술을 지방 도시의 문화유산과 연계해 비즈니스화했다. 네모픽스는 울산에 있는 스마트폰 기반 도보용 증강현실 (AR) 콘텐츠 기업이다. 울산시 태화강 국가 정원, 대왕암 공원을 중심으로 3D 도보용 AR 길 안내, AR 포토존 구축 및 특산물 판매 서비스를 제공한다.

지역 기반 제조 유형

지역에서 생산되는 소재를 활용하거나 지역의 특색을 비즈니스로 연결하는 소규모 제조업이다. 수공업과 DIY 활동을 지원하고 육성하면서 이들을 로컬 제조업으로 성장시키는 유형의 로컬 크리에이터다. 미라클 뮤지엄은 전남 순천시에 위치한 업싸이클링 업체다. 미라클 뮤지엄의 사업 소재는 순천만 갈대밭에 있다. 순천만에서 해마다 버려지는 갈대를 활용해 불을 붙이는 착화제로 활용한다. 최근 캠핑 인구의 증가 추세를 반영해 지역 자원을 활용한 업사이클 상품을 개발해 시장을 활성화한 좋은 사례다.

거점 브랜드 유형

이 유형은 지역의 고유한 특성, 지역성과 희소성을 기반으로 한다. 해당 지역의 가치를 창출하고, 지역의 거점 역할을 하는 복합문화 공간을 브랜드화하는 로컬 크리에이터다. 광주에 있는 두잇은 보급형 스마트팜 벤처기업이다. 도시 쇠퇴로 공동화가 진행된 광주 구도심의 폐산업시설과 폐교, 빈 상가와 빈집 등 유휴 공간을 활용해 스마트팜 사업을 하고 있다. 이곳을 광주형 도시 농업의 거점으로 삼았다. 향후 이 브랜드를 활용해 보급형 식물공장을 구축하고, 도시형 팜 플랫폼으로 키워 비즈니스 모델을 구축해나갈 계획이라고 한다.

지역 특화 관광 유형

지역의 독특한 관광 자원을 활용해 해당 지역으로 많은 관광객의 유입을 유도하는 로컬 크리에이터다. 노마도르는 울릉도를 배경으로 아웃도어 추리게임을 개발한 업체다. 울릉도의 자연과 구전되는 설화를 메인 스토리로 하고, 지역의 물적 자원을 활용해 체험형 아웃도어 추리게임을 만들었다. 추리게임의 참가자들은 울릉도 각 지역을 탐색하며 문제를 풀고, 숨겨진 보물도 찾는다. 노마도르는 이를 통해 울릉도를 특화 관광 명소로 만들기 위해 노력하고 있다.

자연 친화 활동 유형

이 유형은 지역별로 특색 있는 자연환경을 이용해 진행되는 아웃도어 활동을 위한 다양한 사업모델을 개발하는 로컬 크리에이터다. 서피비치는 국내 최초 '서핑 전용 해변'으로 이름을 알린 로컬 벤처기업이다. 이들은 낙후된 양양의 해변에 서핑 전용 해변을 조성해 '서퍼의 성지'로 만들었다. 컨테이너 건물 두 채로 시작한 서피비치는 현재 해변 300m에 걸쳐 1,000평이 넘는 서핑스쿨과 식당을 운영 중이다. 서핑의 매력에 빠져 양양에 자리 잡은 이들이 음식점, 카페, 서핑 숍을 차리며 새로운 타운을 형성했다. 아름다운 해변과 환상적인 서핑에 감동을 느낀 관광객이 새로운 관광객을 창출하는 로컬 크리에이터다.

🌐 로컬의 힘, 고유성과 정체성

로컬 비즈니스의 성공 가능성을 높이는 요소들이 증가하고 있다. 4도 3촌, 5도 2촌 등 지역살이를 하는 사람들이 늘어나고 있고, 국내 여행 인구가 증가 추세다. 자율근무제에 따른 디지털 노마드를 위한 직종도 다양해지고 있다.

로컬 비즈니스의 핵심은 지역의 고유성과 정체성이다. 다른 지역에서는 보거나 느낄 수 없는 독특한 특성이 정체성이며, 이를 활용하면 로컬 비즈니스는 성공할 수 있다. 골목 산업, 문화·창조 산업 등 지역과 자원을 창조적 아이디어로 연결한 로컬 산업은 일반 제조업과 같이 외부 환경에 의해 쉽게 쇠퇴하지 않는다. 지역의 고유성과 정체성을 활용하면 지속 가능성을 높일 수 있다.

로컬 생태계 조성은 로컬 비즈니스의 지속 가능성을 높여준다. 생태계 조성을 위해서는 중앙 정부와 지방 정부, 지방 대학의 역할 분담이 필요하다. 지역 자원과 연계한 비즈니스 콘텐츠 개발은 지방 대학의 역할이다. 소멸위험 지역에 대한 예산과 사업 지원은 중앙 정부가 할 일이다. 가장 중요한 것은 지방 정부의 역할이다. 지역의 독창성을 활용할 로컬 크리에이터를 발굴하고, 이들로 하여금 지역 고유의 라이프 스타일을 창조하도록 지원해야 한다. 지역의 고유성과 청년의 창조적 역량을 활용해 미래 가치를 창출하는 것, 이를 통해 양질의 일자리를 만드는 것, 궁극적으로 정주 환경을 개선하는 것도 지자체의 역할이다.

지금 도시를 살릴 수 있는 사람은 청년이다. 청년을 통해 도시들이 고유한 특성과 정체성을 활용해 살기 좋은 공간으로 변화한다면, 대도시의 긴장된 삶 속에 있는 더 많은 젊은이들이 스스로 지역을 찾게 될 것이고, 그들이 만들어가는 도시의 미래는 밝을 것이다.

도시 발전의 핵심,
청년 인재

청년 인구의 수도권 집중은 트렌드로 자리 잡았다. 청년 인구의 수도권 집중은 지속되고 있고, 지역 간 불균형이 심화되는 중이다. 수도권으로 향하는 청년들의 발길을 돌리기 위해 역대 정부에서는 많은 정책을 추진해왔다. 혁신 도시, 광역 경제권, 지방 행복 생활권, 지역 주도 성장 기반 구축 등이 그것이다. 이런 정책에도 불구하고 수도권 집중은 지속되고 있다.

수도권 집중의 영향은 인구를 비롯한 경제 활동 전반에서 나타난다. 지역 내 경제 활동과 소득 정도를 나타내는 지역 내 총생산(GRDP) 비중은 2017년에 수도권(서울, 경기, 인천)이 비수도권을 추월했다. 2019년 수도권 인구 비중이 전체 인구의 50%를 넘었고, 그 격차는 지금도 벌어지고 있다. 인구 감소는 지방 도시의 경제 활력을 저하시키고, 이것이 다시 인구 감소로 이어지는 악순환도 지속된다.

지방 도시에서 무엇보다 절실한 것은 청년 인구다. 청년들이 원하는 것은 무엇일까? 양질의 일자리, 다양한 문화, 그리고 누구나 가질 수 있는 공정한 기회다. 이런 조건을 달성하기 위해서는 청년들이 좋아하는 환경을 갖춘 도시를 만들어야 한다. 청년들이 선호하는 지역에는 어떤 일이 일어났을까?

우리나라의 실리콘밸리라고 일컬어지는 판교에서는 엄청난 일이 벌어지고 있다. 판교테크노밸리의 총매출액이 부산광역시의 지역 내 총생산액, GRDP를 넘어섰다. 2021년 판교테크노밸리의 총매출액은 120조 8,000억 원인데, 같은 해 부산광역시의 GRDP는 99조 원이었다. 면적 33만 평, 보유 기업 1,642개의 판교테크노밸리가 2억 3,294만 평을 보유한 광역시를 앞선 것이다. 판교테크노밸리 근로자의 87%가 30~40대의 젊은 인구다. 판교테크노밸리가 어떤 환경이길래 이처럼 청년들이 모여드는지 청년 인구 유출을 겪고 있는 지방 도시에서도 눈여겨봐야 할 대목이다.

🌐 창조 도시, 실리콘밸리

청년 인구가 넘치는 활력 있는 지방 도시를 만들기 위해 필요한 것은 무엇일까? 무엇보다 창조적인 도시가 되어야 한다. 창조 도시의 개념이 우리나라에 소개된 지 오랜 시간이 지났지만, 도시 계획자는 물론 정치인에게도 여전한 화두가 되고 있다. 특히, 지방 소멸 대책으로 자주 거론된다. 창조적인 인재들이 활동하며, 창조 산업과 연계된, 혁신적이고 유연한 도시 관리 시스템을 갖춘 도시가 창조 도시다. 창조 도시가 되기 위해서는 기존 구성원들이 만족할 수 있는 교육, 문화, 교통적 편의가 제공되어야 한다. 혁신적인 외부 인재를 끌어들일 수 있는 도시의 매력도 필요하다.

도시경제학자인 리처드 플로리다(R. Florida) 교수는 창조 도시의 세 가지 조건으로 3T를 제시했다. 3T는 관용(Tolerance), 인재(Talent), 기술(Technology)이다. 그는 특히 관용성(Tolerate Attitude)을 강조했다. 관용성은 다양성과 개방성, 포용성과 비슷한 의미다. 관용성은 다른 생각과 기술을 가진 외부 인재를 끌어들이며, 도시에 혁신과 성장의 원동력을 공급해주는 요소기도 하다.

플로리다 교수는 창조 도시의 대표적인 사례로 미국의 실리콘밸리를 지목했다. 실리콘밸리는 미국 샌프란시스코 남쪽 산호세부터 북쪽 레드우드시티까지 여러 도시를 포괄한 창조 도시의 집합체다. 미국에서 가장 쾌적하고 자유분방하다는 캘리포니아주에 위치한다. 캘리포니아는 해안 지역 특유의 좋은 날씨와 더불어 다양한 인종들이 자유분방한 문화를 형성하고 있다. 이와 같은 환경적 특성(Amenity)과 문화적인 포용력은 창조 인력을 실리콘밸리에 모일 수 있게 만든 요인이다.

실리콘밸리의 탄생에는 명문 스탠퍼드대학도 큰 역할을 했다. 대부분의 IT 기업의 창업자가 스탠퍼드대학 출신이다. 인근의 UC버클리대학을 비롯해 캘리포니아주에 있는 캘리포니아 공과대학, UCLA, USC 등도 실리콘밸리의 성장에 큰 역할을 했다. 실리콘밸리의 또 다른 성공 비결은 캘리포니아 주 정부의 지원이다. 주 정부에서는 고용계약서에 비경쟁 조항을 금지했다. 이는 창조 인재들이 기업에서 실현하지

실리콘밸리. 세계 최고의 이공계 인재가 모인 혁신 클러스터의 대명사로 IT산업과 벤처기업의 요람이다.

출처 : iStock

못한 아이디어로 창업할 수 있도록 하는 행정 지원책이다. 실리콘밸리의 성공 비결은 관용과 포용이다. 실리콘밸리는 도시를 발전시키는 요인인 문화적인 다양성과 우수 인재를 모두 보유했다. 창조 도시에 필요한 3T를 보유한 대표적인 지역이다. 창조 도시의 조건을 모두 갖춘 셈이다.

창조 도시의 핵심은 도시를 이끌고 나갈 인재다. 시대에 따라 인재상도 바뀐다. 최근 디지털 전환과 맞물려 떠오르는 인재상은 창의·융합형 인재다. 이는 기술적인 전문성과 창조적 사고를 모두 갖춘 융합형 인재를 말한다.

🌐 변화하는 인재상

한국 고용정보원이 2020년에 발표한 우리나라에 존재하는 직업의 종류는 16,891개다. 디지털로 인해 많은 직업이 생겨나고 없어지는 중이다. 인공지능, 드론, 빅데이터, 블록체인 등 디지털과 관련된 많은 직업이 생겨나고 있다. 인구 감소를 반영한 애완동물, 수납정리, 유품정리 등과 관련된 새로운 직업도 생겨난다. 반면, 영화 필름, 제품 생산, 은행 출납원 등은 감소 중이다. 디지털 기기의 보급으로 수작업을 위주로 하는 직업들이 사라지고 있는 것이다.

이런 상황을 반영해 기업에서 바라는 인재상도 변하고 있다. 잡코리아에서 국내 대기업의 홈페이지에 게시된 인재상에 대한 키워드를 분석한 결과, 기업이 원하는 인재상은 도전과 혁신, 존중과 협력, 창의 등으로 나타났다. 또, 같은 기관에서 578개 기업의 인사 담당자를 대상으로 한 기업의 인재상에 대한 설문조사 결과를 보면 코로나19, 디지털 전환 등으로 인해 인재상에도 변화가 있었음을 알 수 있다.

2001년에는 창조형 인재를 선호했다. 창의성과 전문성, 도전정신과 글로벌 역량이 인재 채용의 우선적 가치였다고 한다. 2011년에는 전략형 인재를 선호했다. 투철한 도전정신과 주인의식을 겸비하고 전문성과 창의성, 원칙을 중시하는 인재가 10년 전 기업이 선호하는 인재였다. 2021년에 기업들이 선호하는 인재는 융합형 인재다. 소통과 협력, 긍정적인 마인드가 가장 중요하다는 것이다. 책임감과 성실함, 도덕성도 융합형 인재의 요건이다.

교육부는 2015년 교육과정을 개정하면서 학교 현장에서 교육을 통해 길러내고자 하는 인재상을 창의·융합형 인재로 설정했다. 전문성과 창의성을 모두 갖춘 인재를 말한다. 교육부가 정의한 창의·융합형 인재는 "인문학적인 상상력과 과학기술 창조력을 갖추고, 바른 인성을 겸비해 새로운 지식을 창조하고 다양한 지식을 융합해 새로운 가치를 창출할 수 있는 사람"이다. 최근 우리 사회에는 너무나 많은 정보와 자료가 범람하고 있다. 과거에는 정보를 습득하고 지식을 축적하는 것으로 유능한 인재로 인정받아왔지만, 새롭게 요구되는 인재상은 방대한 지식을 기초로 부가가치를 창출할 수 있는 인재다. 해당 분야에 대한 전문성은 물론이거니와 새로운 가치를 창출해낼 수 있는 창의성도 필요하다는 것이다. 예컨대, 정보통신 기술에 대한 지식을 갖고 있는 데 그치지 않고, 이를 필요한 곳에 적절히 활용할 수 있는 인재, 다시 말해 과학기술을 창조성 있게 응용하는 인재가 창의·융합형 혁신 인재다.

혁신 인재,
어떤 공간을 좋아할까?

모든 도시의 소망은 인재와 기업이 모여드는 공간 조성이다. 기업과 인재는 어떤 환경, 어떤 도시로 모일까? 산업 사회에서 인기 있는 도시는 비용을 절감해주는 도시였다. 기업들은 저렴한 토지, 낮은 임금과 생산성 높은 노동력, 경비를 절감할 수 있는 사업 환경을 입지 선정의 기준으로 삼았다. 대규모 산업단지를 조성하고 그곳에 산업이 집적되면 자연스럽게 우수한 인재가 모여들었다. 그곳을 중심으로 도시가 형성되고 발전했다. 그러나, 현재는 그렇지 않다. 가치가 바뀐 것이다. 현재 입지 선정의 최우선 가치는 지식과 창조성이다. 창조성을 가진 혁신 인재가 기업의 핵심 가치로 부상했고, 기업은 그들이 선호하는 장소로 이동하는 중이다.

그러면, 창조적인 혁신 인재가 선호하는 장소, 선호하는 공간의 요건은 무엇일까? 저자는 이런 고민의 결과를 저자의 박사학위 논문에 담았다. 다음 내용은 창조 인재가 선호하는 산업 입지와 그 요인을 파악하기 위한 저자의 박사학위 논문의 주요 내용이다. 저자는 〈기술창조인재 선호입지 요인분석〉이라는 논문을 통해 혁신 인재 선호 입지에 대해 다음과 같이 연구했다.

먼저, 창조 인재 유치로 성공한 국내외 도시형 산업입지 8곳을 선정했다. 우리나라의 판교테크노밸리와 G밸리, 미국의 RTP, 스웨덴의 시스타, 스페인의 '22@바르셀로나', 영국의 테크 시티, 싱가포르의 원노스, 중국의 심천 등이다. 이들 지역의 공통점은 창조 산업으로 산업 구조가 변화된 지역, 창조 인재를 성공적으로 유치한 지역, 국제적 수준의 혁신 클러스터를 성공시킨 지역이다.

다음으로, 이들 입지의 성공 요인을 입지 여건, 교통 여건, 혁신 역량으로 분류했다. 그리고, 이 항목에 따른 세부 사항을 작성했다. 입지 여건의 요소는 인프라, 편의시설, 도시 이미지다. 교통 여건에는 도심 접근성, 도로 접근성, 대중교통이, 혁신 역량에는 연구환경, 지원시설, 복지운영 등이 포함되었다. 총 9개 세부 요소를 잠재변수로 실증 분석을 실시했다.

용인시의 마북연구단지를 분석 대상지로 선정했다. 마북연구단지는 용인시 구성면에 있는 약 20만 평의 연구형 혁신 클러스터다. 현대차, 현대중공업, 현대건설, 롯데, KCC 등 8개 그룹 계열 기업의 기업부설연구소가 입주해 있다. 연구 인력 약 6,000명 중, 학사 이상의 학력이 95%(석·박사 42%), 20~30대 연구원이 58%를 차지한다. 연구 분야는 전기·전자, 에너지, 자동차·자동차 부품, 유·무기소재, 화학, IT 등 디지털 시대에 필요한 첨단 소재다.

마북연구단지 연구원을 대상으로 설문조사를 실시했다. 연구원들의 입장에서, 선호 입지 선정 시 중요하게 여기는 요소(중요도)와 현재 단지의 입지 환경에 대한 만족 여부(만족도)를 구분해 조사했다. 설문 결과는 구조방정식 모형(SEM, Structural Equation Model)을 이용해 분석했다. 또, 중요도와 만족도를 동시에 고려해 우선순위를 찾기 위한 분석기법인 중요도-만족도 분석(IPA, Importance-Performance Analysis)을 활용했다.

구조방정식 모형 분석의 결과, 만족도에 영향을 미치는 요인은 도심 접근성, 도로 접근성, 도시 인프라, 지원시설이었다. 대상지가 다수의 고속도로와 자동차 전용도로 등 양호한 도로 접근성과 강남 등 도

(만점 : 5점)

측정 항목		만족도 평균(Performance)	중요도 평균(Importance)
입지 여건	도시 인프라	3.21	3.41
	편의시설	3.05	3.32
	도시 이미지	3.20	3.16
교통 여건	도심 접근성	3.38	3.29
	도로 접근성	3.44	3.47
	대중교통	2.75	3.11
혁신 역량	복지 관리운영	2.89	2.83
	지원시설	3.17	3.24
	연구환경	3.33	3.33
평균		3.15	3.23

마북연구단지 연구원은 도심 및 도로 접근성에 대한 만족도가 높고, 교통 및 도시 인프라를 중요시하는 것으로 나타났다.

출처 : 단국대학교 심재국 박사학위 논문

심 접근성이 우수했기 때문이다. 또, 분당, 판교, 수지 등 인접한 신도시로 인해 전반적인 도시 인프라가 잘 갖춰져 있었다. 중요도에 영향을 미치는 요인은 도심 접근성, 도로 접근성, 도시 인프라, 연구 환경이다. 혁신 인재는 강남 등 도심에 근접하고, 도로가 발달된 지역을 선호한다는 것이다. 연구원들은 학교, 공원 등 인프라가 양호하고, 대학 등 연구 환경이 우수한 지역을 중요하게 생각했다.

중요도, 만족도 평균과, 중요도와 만족도가 모두 높은 그룹은 유지 그룹이다. 현행 그대로 유지해도 문제없는 요인인데, 도심 접근성, 도로 접근성, 연구 환경, 도시 인프라, 지원시설이 여기에 해당한다. 만족도도 낮지만 중요하지도 않은 저순위 그룹에는 대중교통과 복지관리

(만점 : 5점)

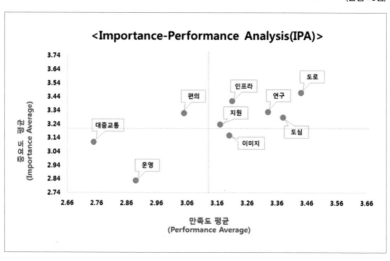

마북연구단지 연구원은 도로 및 도심 접근성, 연구 환경, 도시 인프라 등을 중요시하는 동시에 만족하고 있는 것으로 나타났다.

출처 : 단국대학교 심재국 박사학위 논문

운영이 있다. 개선에 대한 우선순위가 가장 낮은 그룹이다. 중요도가 낮지만 만족도가 높은 과잉에는 도시 이미지가 포함된다. 도시이미지는 만족도가 높고 중요하게 생각하지 않았다. 반면, 편의시설은 중요도는 높지만 만족도가 낮았다. 연구단지 주변의 문화시설, 쇼핑 공간 등은 필요하지만, 만족도가 낮게 나타났다.

수도권 혁신 클러스터에 근무하는 연구원을 대상으로 한 입지 선호도 결과를 종합해보면, 혁신 인재들은 도심 접근성이 높고 교통이 편리한 지역, 근무 환경과 편의시설이 우수한 지역을 선호하는 것으로 확인되었다. 또, 공원, 녹지, 쇼핑 등 편의시설과 도시 인프라가 잘 갖춰진 도시를 선호하는 것으로 나타났다. 인재들이 떠나는 지방 도시가 눈여겨봐야 할 대목이다.

작은 도시에서도 이런 요인이 충족된다면 삶의 질은 향상될 수 있다. 선택과 집중으로 특화된 도시, 직주근접의 보행권 도시, 젊은 인재들이 선호하는 여건을 갖춘 도시를 만든다면 충분히 발전할 수 있다. 인구가 많고 적음이 반드시 도시의 발전과 비례하지 않는 시대다. 연결이 중요한 시기다. 모든 사물이 거미줄처럼 인간과 연결된 시대다. 환경만 조성된다면 지방 도시에서도 대도시보다 나은 삶의 질을 이루지 못할 이유는 없다.

축소 도시,
지방 대학에 올인하라

지방 도시와 함께 지방 대학의 위기도 보도되고 있다. 비수도권 대학의 위기다. 대학평가를 통해 자율 경쟁과 재정 지원의 차별화를 진행하고 있는 탓에 지방 대학은 경쟁에서 밀려나고 있고, 이러한 현상은 현실로 나타나고 있다. 2023년 정시 전형에서 비수도권 대학들을 중심으로 14개 대학, 26개 학과에 지원자가 없었다는 충격적인 소식과 함께 미충원으로 인해 추가 모집한 대학의 91.4%가 비수도권 대학이라는 소식도 들린다.

대학 전체 정원에서 수도권 대학이 차지하는 비율은 계속해서 높아지고 있다. 2003년 33%였던 수도권 대학 정원 비율은 2021년 40%로 증가했다. 학령 인구의 감소와 더불어 경쟁에서 밀려난 지방 대학은 심각한 위기에 직면했다. 학생이 줄어들면 대학가 주변 상권이 무너지고 도시도 침체할 것이다. 대학의 역할에 대한 재설정이 필요하다. 단순히 학문을 가르치고 연구하는 기관으로 한정한다면, 현재의 위기를 타개하기 어렵기 때문이다. 대학이 지역과 연계해 지방 도시를 발전시키는 등 역할의 확장이 필요한 시기다. 그것이 대학을 발전시키는 길이기도 하기 때문이다.

지방 도시에서 일어나는 청년 인구의 유출은 진학과 취업을 위한 이동이 주를 이룬다. 이것은 지방 대학의 역할에 따라 지역 인구의 유출을 막는 인구의 방파제 역할도 할 수 있다는 이야기다. 이를 위해서는 지역 기업과의 연계성 강화가 필요하다. 지역 기업에서 필요한 인재를 육성하고, 그 인재가 그 기업에 취업해, 도시에 정착해 발전에 기여하는 선순환 구조를 구축하는 것이 지방 대학의 역할이다. 실리콘밸리의 사례에서 보듯이 도시 발전에서 대학의 역할은 중요하기 때문이다.

🌐 캠퍼스 혁신 파크

학령인구 감소로 대학들이 어려움을 겪고 있다. 특히, 학교 운영을 등록금에 의존하는 사립대를 중심으로 지방 대학이 어려움을 겪고 있다. 학교 수입이 감소하면 학과가 폐지되거나 통폐합되면서, 해당 대학이나 학과가 사용하던 공간과 설비가 남거나 실험설비가 방치되는 사례가 발생한다.

대학의 유휴 공간을 도시첨단산업단지로 조성해, 산·학·연의 혁신 허브 공간으로 조성하는 정책이 추진되고 있다. 대학 내 유휴 공간을 기업 공간, 창업 지원시설이나, 주거·문화·복지시설로 조성하는 사업이 캠퍼스 혁신 파크 사업이다. 교육부, 국토교통부, 중소벤처기업부 등 정부 관련 세 부처가 공동으로 추진하고 있는데, 대학 중심의 혁신 생태계 구축이 목적이다. 인구 감소에 따른 지방 도시의 위기를 산·학·연 혁신 허브를 통해 청년층이 선호하는 첨단산업단지로 조성하고, 이를 통해 일자리를 만들어 지방 도시와 지방 대학의 위기를 극복하겠다는 매우 시의적절한 정책이다.

지방 대학 입장에서도 커다란 혜택이다. 한번 지정된 학교시설은 특별한 사유가 없는 한 변경하기 어렵기 때문이다. 어려움을 겪고 있는 학교가 유휴 공간을 활용할 수 있도록 해줄 뿐 아니라, 도시첨단산업단지 조성비와 혁신 허브 건축비도 지원받을 수 있다. 여기서 발생하는 세제 혜택, 건축물 용적률 완화 등 인센티브를 활용할 수도 있다. 새로운 수입원이 생기는 셈이다.

기업들도 마찬가지다. 벤처기업 등이 입지가 우수한 학교의 각종 시설을 저렴하게 이용할 수 있게 된다. 창업지원시설을 활용해 아이디어를 사업화하는 데도 유익하다. 나아가 근로자를 위한 주택, 문화시설을 확보할 수 있다.

🌐 해외에서의 대학 캠퍼스 활용 사례

해외에서도 캠퍼스를 활용해 대학의 수익사업을 지원하고 도시를 발전시키는 사례가 있다. 미국의 코넬테크, 영국의 대학기업촉진지구, 일본의 지역 거점대학 지방창생사업 등이다.

미국의 코넬테크는 2017년 산학협력 캠퍼스로 설립되었다. 2011년 마이클 블룸버그(Michael Bloomberg) 전 뉴욕시장은 뉴욕을 동부지역의 실리콘밸리로 만들겠다는 각오로 2017년 코넬대 공과대학원을 설립했다. 그는 금융업과 미디어, 패션업 등 뉴욕의 핵심 산업이 핀테크와 인터넷, 소셜미디어 등 새롭게 떠오르는 산업으로 인해 활력을 잃게 되자 사비 1억 달러를 기부해 공과대학원을 설립했다.

코넬대를 뉴욕 최고의 공과대학원으로 키우겠다는 구상이었다. 코넬테크가 개교하면서 디지털 시대에 최적화된 혁신 인재들이 모여들기 시작했다. 특히 서로 다른 전공자들이 학제 간 융합 수업을 통해 창업할 수 있도록 해 많은 창업자들이 생겨났다. 코넬테크는 산학협력 시너지를 발휘하는 공간으로 만들어졌다. 캠퍼스에 교수 연구실을 없애고, 모든 강의실과 건물을 개방형 공간으로 구성해 교수와 학생이

코넬테크 캠퍼스. 코넬테크는 학교와 기업, 금융을 연결해 기술 혁신을 이끌며 혁신 거점의 표본으로 지목받고 있다.

출처 : iStock

자유롭게 소통하는 최적의 공간으로 만들었다. 한 건물에 대학 연구실과 민간 기업이 입주해 유기적인 산학협력을 이루고, 시너지를 극대화할 수 있도록 만들어진 캠퍼스가 코넬테크다. 뉴욕시도 교통개선을 통해 지원하고 있다. 이 결과 코넬테크가 있는 뉴욕 맨해튼 루즈벨트섬은 IT혁신 중심지로 탈바꿈하고 있다.

영국의 대학기업촉진지구(University Enterprise Zone)는 2013년부터 산학협력 증진을 위한 특별 지역으로 지정되었다. 1980년대 초반부터 지정해온 기업촉진지구(Enterprise Zone)의 성과와 반성을 바탕으로 만들어졌다. 각 지방 정부가 신청한 지역 기업 협의회를 중앙 정부가 승인하는 식이다. 지역 기업 협의회는 기업촉진지구를 운영하며, 지역 내에 조성되는 기업촉진지구를 기존에 축적되어 있던 인프라와 지역 내 대학에 연계해주는 역할을 한다. 리버풀대학, 브래드포드대학, 노팅엄대학, 브리스톨대학이 입지한 4개 지역이 시범사업으로 추진된 후 계속 확대되고 있다. 대학이 지역 기업 협의회와 전략적 파트너로 연계 협력을 촉진한다. 기업이 대학과 연계해 혁신을 창출할 수 있도록 창업 인큐베이터를 운영해 중소기업을 위한 성장거점이 된다. 대학캠퍼스를 기술집약적 지역 중소기업의 입주 공간으로 할애해 대학의 재정 수입 및 경쟁력을 확보하는 산학협력 사업이다.

일본의 지역거점대학 지방창생사업은 지역혁신을 대학과 연계시킨 사업이다. 대학과 지역사회와의 연계 협력을 촉진하기 위한 재정 지원 사업으로, 지방 소멸의 원인이 되는 청년을 지방 도시에 정착하게 하는 것이 목적이다. 지역 청년이 지역 대학에 진학하고 지역의 일자리를 갖도록 한다. 나아가 수도권 대학 출신 청년도 지역 일자리를 갖도록 도와주기도 한다. 또, 지방 대학 지역창생교부금사업과, 젊은 세대에 대한 고용창출과 지역 학생 정착사업 등도 진행하고 있다. 지방창생사업의 사례는 다음과 같다.

요코하마시는 30개 대학 학장과 시 관계자가 참여하는 대학 도시 파트너십 협의회를 구성했다. 각 기관 대표자들의 의견을 교환하고, 큰 틀에서 중요한 의사결정을 했다. 대학과 지자체의 대표 간 협업은 지역 대학과 연계해 지역을 활성화하는 중요한 의미가 있다. 시청에서는 대학과의 연결고리를 지방을 혁신시키는 방안으로 활용한다. 대학에서는 교육과정을 개정해 사회공헌 역량을 향상시키고, 학내 지역공헌센터를 설치해 지역사회가 대학과 협업을 통해 도시 혁신을 도모하는 역할을 한다.

⊕ 콤팩트-네트워크 차원의 대학 연계

지역의 발전을 위한 혁신의 공간으로서 대학의 역할 못지않게 대학 간 네트워크도 중요시되고 있다. 국립대학 등 지역의 주요 거점대학과 소규모 대학의 역할 분담과 특성화 전략은 콤팩트-네트워크 도시 전략과 다르지 않다.

지역의 거점대학이 지역 내 다른 대학과 하나의 플랫폼을 구축하고 커리큘럼(Curriculum)을 정비하는 등 자원과 역량을 공유하는 체계가 구축된다면 시너지가 발생하기 때문이다.

지역 대학들은 대학별 역할 분담을 통해 지역의 특성에 맞는 특성화된 분야에 대한 연구 역량을 강화할 필요가 있다. 역할 분담을 통해 지역 산업 및 기업과의 연계성도 강화할 수 있다. 해당 분야에서 지역 기업과 인턴십 강화도 필요하다. 지역 산업에 적합한 커리큘럼을 구성하고, 해당 기업 임직원이 대학에서 강의함으로써 살아있는 교육이 가능하다. 이렇게 배운 학생들은 졸업 후 해당 기업에 취업할 수 있다. 지역 발전을 위해서 대학과 지역의 연계에 지자체가 나서야 한다. 지역의 주도성을 강화하는 방향으로 대학과 지역의 관계 설정이 필요하기 때문이다. 대학의 핵심 역량, 캠퍼스 활용 등 지역을 위한 대학의 기능과 역할에 대한 재정립이 필요하다.

청년들이 도시를 떠나는 이유는 양질의 일자리가 부족하기 때문이다. 대학이 지역의 발전과 재생을 주도하는 혁신 플랫폼이 되어야 한다. 창업보육센터, 교내 벤처기업, 기업과 교내 연구시설 공유 등으로 대학이 지역 산업 생태계 조성의 중심이 될 수 있다. 평생교육의 장으로서 대학의 역할도 필요하다. 지역 주민의 특성에 맞는 교육훈련 프로그램을 육성하고, 지역과 상생하는 대학을 만들어가야 한다. 대학은 도시를 혁신시킬 공간으로 충분하다. 젊고 유능한 인재가 있고, 충분한 공간과 설비도 있다. 대학과 대학이 연계하고, 대학과 기업이 연계하며, 지자체와 시민이 연계할 때 대학은 혁신 생태계의 거점으로 자리잡을 수 있다.

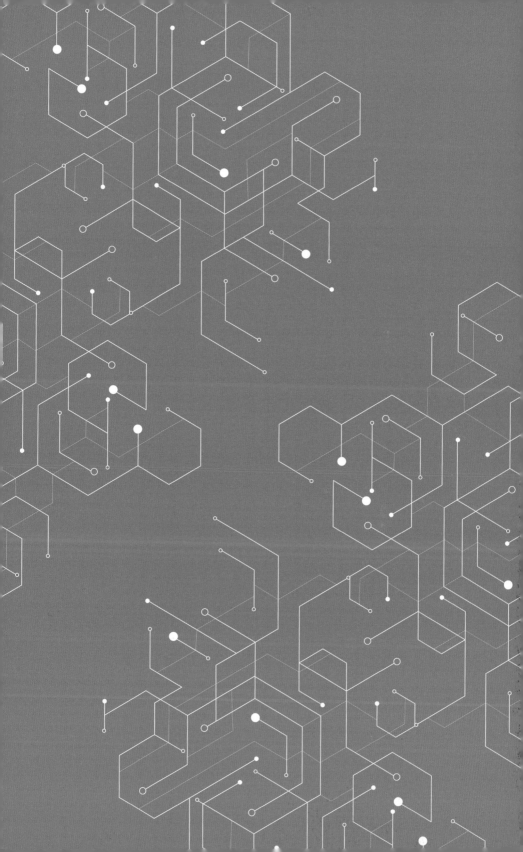

COMPACT
NETWORK

6

콤팩트-네트워크

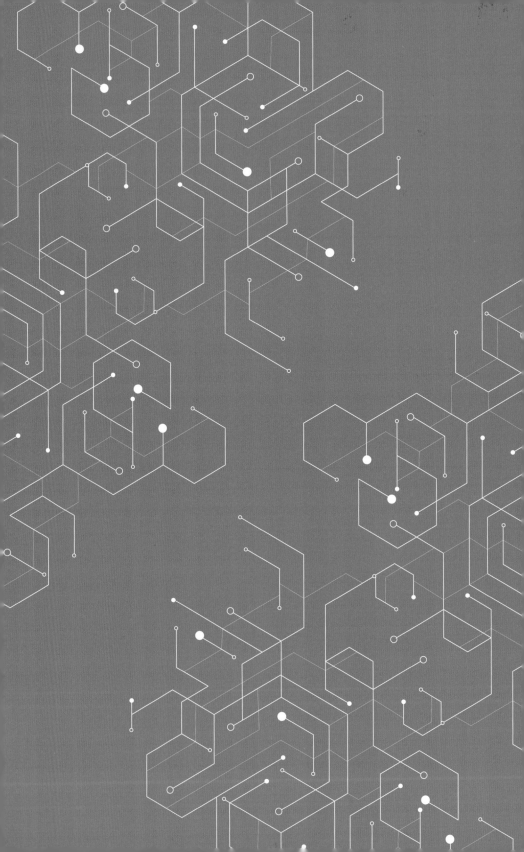

중심 도시와
네트워크 도시

🌐 중심지 이론

　도시는 각각의 기능과 위계를 가지고 있다. 도시의 위계를 설명하는 대표적인 이론은 독일의 지리학자 발터 크리스탈러(Walter Christaller)의 '중심지 이론(Central Place Theory)'이다. 중심지 이론은 도시 상호 간의 관계를 중심지 개념에 비추어 설명했다. 여기서 '중심지'란 다양한 재화와 서비스를 배후지에 공급하는 지역이다. '배후지'는 중심지로부터 이를 공급받는 지역을 말한다.

　중심지 이론에서 위계를 결정하는 중요한 요인은 중심지다. 중심지는 규모에 따라 서열화된다. 중심지에서는 주변 지역에 재화나 서비스를 공급하는데, 해당 중심지가 넓은 지역에 영향을 미치면 높은 위계가 된다. 반대로 영향을 미치는 범위가 좁으면 낮은 위계가 된다. 이때 낮은 위계의 지역은 높은 위계의 지역에 종속(Subservience)되는 모양새다.

이를 도시에 대입해보면, 높은 위계의 도시와 낮은 위계의 도시는 수직적인 연계관계(Vertical Accessibility)가 형성된다. 높은 위계와 낮은 위계를 결정하는 요인은 도시의 규모, 즉 인구의 크기라고 할 수 있다. 인구가 많은 대도시는 높은 위계의 산업과 기능을 갖고 상대적으로 인구가 적은 중소 도시는 낮은 위계를 가지며, 서열화된다는 이론이다.

그런데, 20세기 중반부터 중심지 이론에 부합하지 않는 현상이 발생하기 시작했다. 인구수가 적은 중소 도시에서 지식기반 제조업이나 높은 수준의 서비스업 등 대도시 수준의 산업이 자리 잡는 현상이 생겨났다. 또, 작은 도시가 큰 도시의 기능을 수행하는 경우도 생겼다. 이는 중심지 이론으로 설명할 수 없는 현상이다. 아울러, 인구 규모에 따른 도시 위계가 다른 요인에 의해 변화할 수 있음을 보여주는 사례다. 이런 흐름을 반영해 도시 위계에 대한 새로운 이론들이 제시되고 있다. 그 대표적인 이론은 네트워크 도시 이론이다.

🌐 네트워크 도시 이론

'네트워크 도시 이론(Network City Theory)'은 2개 이상의 도시가 상호 보완적이고, 협력적 성과를 통해 규모의 경제를 이룬다는 이론이다. 네트워크의 본질은 관계성과 연결성이다. 네트워크 도시 이론은 도시 간의 상호 보완적(Complementary) 특성이 있다. 도시 간의 수직적 위계보다 수평적인 연계(Horizontal Accessibility)를 중요시한다.

중심지 이론이 도시의 인구 규모를 기준으로 한다면, 네트워크 도시 이론은 도시 간 상호 관계를 중시한다. 2개 이상의 도시들이 기능상 상호 보완적 관계에서 협력한다. 교통과 통신수단을 활용해 집적함으로써 시너지를 창출하고 규모의 경제를 추구하는 도시 이론이다. 이 이론에 의하면, 상대적으로 작은 규모의 중소 도시들도 고차원적이고 전문화된 기능을 가질 수 있다. 개별 도시의 역할과 기능은 그 도시의 크기보다는 도시 간의 상호 보완적인 연계가 중요하기 때문이다. 개별 도시들은 도시 규모와 무관하게 도시별로 특화된 기능을 가진다. 특화된 기능을 가진 도시 간의 수평적 관계를 통해 시너지를 창출함으로써 도시 규모의 기능과 한계를 극복할 수 있다.

개별 도시의 이익이 네트워크에 포함된 다른 도시에 영향을 끼치는 것을 네트워크의 외부성(Externality)이라고 한다. 네트워크에 포함된 도시의 숫자가 많을수록 경제적 이익도 크다. 대표적인 네트워크 도시권으

구분	중심지 도시 체계	네트워크 도시 체계
도시 서열 지표	중심성	결절성
인구 규모	규모 의존적	규모 비의존적
도시 간 연계	수위성과 종속성	유연성과 상호 보완성
재화의 유형	동질적 상품과 서비스	이질적 상품과 서비스
연결 방식	수직적 접근성	수평적 접근성
재화의 흐름	일방 흐름	쌍방 흐름
비용	운송비 중요	정보 수집비 중요
시장 형태	공간적 완전경쟁	가격 차별화와 불완전경쟁
중심지 형성 장소	교통의 결절점	정보·통신의 결절점

중심지 이론과 네트워크 도시 이론. 중심지 이론이 도시의 인구 규모를 기준으로 한다면, 네트워크 도시 이론은 도시 간 상호 관계를 중시한다.

출처 : 저자 정리

로 알려진 네덜란드 란드스타트(Randstad) 지역은 뉴욕이나 런던과 같은 세계 도시들과 비교해 높은 경쟁력을 보유한 사실이 이를 증명한다.

🌐 산업과 네트워크 도시

산업은 도시 발전에 큰 영향을 미친다. 네트워크 도시 역시 산업과 밀접한 영향이 있다. 산업 구조는 기업 간 네트워크뿐 아니라 도시 간 네트워크에도 영향을 미치기 때문이다. 경쟁력이 있는 산업 도시는 특화된 산업을 보유한 인접 도시와 연계를 통해 시너지를 확보한다. 이 시너지는 네트워크 권역 전체의 경쟁력을 향상시킨다. 도시를 대표하는 특화 산업은 다른 도시들보다 비교우위에 있는 산업이다. 해당 도시에서 전문화되어 성장을 주도하는 산업이다. 이러한 산업이 그 도시뿐 아니라 네트워크 전체의 발전에 기여한다. 이를 위해서는 인접 도시와의 상호 연계를 통해 체계적인 분업 구조를 구축할 필요가 있다.

지방 도시는 특화 산업이 필요하다. 지방의 중소 도시에서 많은 산업을 동시에 발전시키기는 어렵다. 도시만의 특화 산업을 집중육성하는 것이 효과적이다. 특화 산업으로 도시가 전문화되면 타 산업을 영위하는 인근 도시와의 교류는 자연스럽게 이뤄진다. 그리고, 도시 간의 연계는 집적경제(Agglomeration Economy) 효과로 이어진다. 관련 정보나 지식의 공유, 공동 학습을 통해 혁신을 유발할 수 있다. 도시권에 다양한 인프라 확충의 기반이 되기도 한다.

네트워크 도시 이론에서는 규모보다 도시 간의 연계에 의미를 둔다. 그래서 결절성(Nodality)은 중요한 요인으로 부각된다. 결절성은 교통의 거점을 중심으로 발달한다. 교통의 결절점을 중심으로 도시 간의 연계가 이뤄지는 경우가 많다. 도시권에서 도시 자체의 규모보다 주변 지역과 얼마나 긴밀하게 연계되었는지 여부, 즉 네트워크 구축 정도가 중요해지기 때문이다. 디지털 기술의 발달로 도시의 위계가 도시 간 네트워크화에 따라 변화한다. 도시 간 연계와 네트워크가 도시권역 발전의 기폭제가 되었다. 도시 간 연계는 권역의 집적경제를 형성한다. 다핵의 네트워크 도시권이 단핵의 대도시권과 대등한 경쟁을 할 수 있는 힘이 네트워크다.

현재 우리의 상황에서 네트워크 도시에 대한 논의는 시의적절하다. 과거 우리나라는 급격한 인구 증가를 기반으로 성장을 거듭했다. 그러나 최근 인구 감소가 진행 중이고 일부 지방 도시는 소멸을 걱정하는 상황이다. 인구가 감소하는 도시 간 연계와 협력을 통해 외부 효과를 극대화하는 것이 필요하다. 네트워크형 도시 체계는 도시 간 수평적 접근성, 도시 간 양방향의 흐름, 특화된 중심지 간의 상호 의존성, 유연성과 상호 보완적 경향성 등의 특징이 있다.

콤팩트 시티

도시가 성장하는 과정에서 중심부의 쇠퇴는 흔히 발생하는 현상이다. 20세기 중반 자동차가 대중화되면서 도시는 급격히 팽창했다. 도로를 따라 교외 지역으로 주거지와 대규모 상업시설의 건축이 일반화되었다. 미국을 비롯한 선진국들은 일찍부터 도시의 팽창과 교외 확산으로 도심이 쇠퇴하는 도시 스프롤(Urban Sprawl) 현상을 경험했다. 스프롤의 문제점은 도심 쇠퇴에 국한되지 않는다. 도심과 교외 지역 간 통근 거리가 늘어나면서 통행량이 증가했다. 통행량의 증가는 교통 정체, 에너지 소비 증가와 대기 오염의 원인이다. 더불어 녹지 훼손과 농지감소 현상을 초래하기도 한다. 도시 스프롤은 정주 환경 악화는 물론, 각종 사회기반시설의 효율적 활용을 어렵게 해 도시의 지속성장을 저해하는 요인으로 지적받아왔다.

콤팩트 시티(Compact City)는 도시의 무분별한 팽창에 대응하는 이론이다. 도시의 무분별한 확산을 억제하고 도심의 고밀·압축·복합적 이용을 추구하는 공간 개념이다. 대중교통과 연계해 무질서한 도시 확산을 억제하고 도심을 집약적으로 이용하게 하는 지속 가능한 도시 개발 방안이기도 하다. 주요 거점에 주거, 업무, 상업, 문화·복지 등 다양한 기능을 수용하는 고밀·복합의 토지 이용을 유도하고, 대중교통 활성화와 보행 동선의 재배치로 에너지 절약과 탄소 배출 저감을 유도하는 방식으로 설계되었다.

🌐 콤팩트 시티의 탄생과 발전

콤팩트 시티가 최초로 언급된 것은 1973년이다. 미국의 수학자인 단치그(Dantzig)와 사티(Saaty)가 출간한 저서 《콤팩트 시티 : 살기 좋은 도시 환경을 위한 계획》에서 가상 도시 모델을 언급했다. 여기서 제시된 가상 도시는 직경 2.7km, 높이 8층으로 기후 조절이 가능한 원통형 건물로 만들어졌다. 이 건물 도시에 수용 가능한 인구는 25만 명이었는데, 높이와 직경을 2배로 늘리면 200만 명까지 수용할 수 있는 것으로 알려졌다. 이와 같은 가상의 건물 도시를 통해 에너지 소비와 이동 거리를 최소화하겠다는 도시 이론이 최초의 콤팩트 시티 이론이다.

1990년대와 2000년대를 걸쳐 콤팩트 시티에 대한 연구가 더욱 활발하게 진행되었다. 거점지역 고밀개발, 직주근접의 토지 이용 형태 구축, 오픈스페이스 확보 등이 주요 내용이다. 동시에 에너지 소비 절약 및 환경오염의 저감을 위한 연구도 진행되었다. 자동차 이용 수요와 통행

거리를 줄이고, 대중교통과 보행, 자전거 이용을 촉진시키는 방식이다.

콤팩트 시티는 에드워드 글레이저(Edward Glaeser)에 의해 완성되었다. 하버드대학의 교수이자 도시경제학자인 에드워드 글레이저는 2011년《도시의 승리》를 통해 에너지 효율을 높이는 직주근접의 콤팩트 시티론을 정립했다. 거점지역인 도심에 고층 건물을 지어 도시 내 거주 수요를 흡수하도록 계획했다. 또, 오피스, 상업, 위락시설 등 다양한 용도의 시설도 함께 배치했다. 도심 내에서 직장과 주거 등 일상생활이 가능한 직주근접을 달성하는 것이 이론의 핵심이다. 다음 내용은 《도시의 승리》에서 그가 주장한 콤팩트 시티에 대한 글이다.

"세계는 평평하지만 도시는 더 높아져야 한다. 도심에 대한 규제와 보존은 도시의 개발을 막아 도시 스프롤을 심화시킨다. 도시의 개발보다 교외로의 이주가 더 심각한 환경파괴의 원인이다."

🌐 콤팩트 시티의 실행 방식

콤팩트 시티는 도시의 무질서한 확산에 반하는 개념이다. 대중교통 체계와 연계해 도시의 토지를 집약적으로 이용하는 도시 공간 구조를 지향한다. 그러면 콤팩트 시티는 어떠한 방식으로 실행될까? 그 주된 방식은 도심의 입체적 토지 이용계획, 복합용도개발, 대중교통지향형 개발, 전통근린주구개발, 보행중심 계획, 도시 주변부의 녹지 보전 등이다.

입체적 토지 이용계획(Multi-Dimensional Land Use Planning)은 공간적 측

면에서 동일한 토지상에 지하, 지상, 수중, 공중에 함께 설치하는 도시계획 방식이다. 이 경우 공간 이용이 상호 복합화되어 합리적인 토지이용이 가능하며, 환경 피해도 최소화할 수 있다.

복합용도개발(MUD, Mixed Use Development)은 토지의 혼합적인 이용에 관한 개념이다. 주거와 업무, 상업, 문화 등 다양한 용도를 혼합·배치하는 개발 방식이다. 다양한 용도와 기능을 동일한 공간에 배치하면 이용자들의 이동 거리가 최소화되고 활력 있는 공간 조성이 가능하다. 과거에는 주거와 상업, 업무를 복합화한 주상복합건물이나 소규모 단지 등 소극적인 수준의 복합개발을 의미했다. 최근에는 보다 큰 개념으로 주거, 산업, 학술, 연구 등을 도시 공간을 복합화하는 개념이 확대되고 있다. 테크노폴리스, 텔레포트, 인텔리전스시티 등 첨단 기술과 연계된 복합화와 혼합화까지 포함된다.

대중교통지향형개발(TOD, Transit Oriented Development)은 대중교통 이용에 초점을 맞춘 도시개발 방식이다. 미국 캘리포니아의 건축가 피터 칼소프(Peter Calthorpe)에 의해 처음 제시되었다. 도심지역은 대중교통 체계가 잘 정비된 철도역사 등 교통거점을 위주로 고밀도 복합용도로 개발하고, 외곽지역은 저밀개발하고 자연생태를 보전한다. 교통거점 지역을 중심으로 토지 이용을 통합해 승용차 이용을 줄이고 대중교통, 보행, 자전거 이용을 장려하는 도시 계획 개념이다.

전통근린주구개발(TND, Traditional Neighborhood Development)은 도시의 무분별한 확산인 스프롤을 해결하기 위해 전통적인 도시 개발 패턴으로 돌아가자는 것이다. 전통적인 근린 구조는 도심과 교외의 경계가 명확하다. 도심에 공공 공간을 마련하고 주변 지역과 긴밀하게 연결한다. 오픈스페이스의 보존과 대중교통 이용을 전제로 주거, 업무, 상업, 문화, 복지, 위락 등이 균형 잡힌 복합개발을 지향한다.

🌐 해외의 콤팩트 시티

미국의 스마트 성장 전략

스마트 성장(Smart Growth)은 콤팩트 시티, 뉴어바니즘, 어반빌리지 등과 함께 근대 도시 이론의 문제점을 개선하기 위해 제안된 정책이다. 유럽이나 일본 등에서 사용되는 콤팩트 시티 이론과 크게 다르지 않지만, 미국에서는 스마트 성장이라는 용어로 사용되었다.

스마트 성장은 도시의 무질서한 평면적 확산, 즉 스프롤에 대응하기 위한 방안으로 미국에서 탄생했다. 미국은 도시의 역사가 짧고 넓은 면적으로 자동차 위주의 도시 계획이 이뤄져 집약적인 도시가 형성되지 않았다. 특히, 저층 주거지의 무분별한 확산을 의미하는 도시 스프롤은 심각한 도시 문제였다. 도심공동화, 통근 거리 증가, 교통체증 발생, 에너지 낭비와 온실가스 증가, 녹지 감소 등 스프롤로 인한 다양한 도시 문제가 발생한 것이다.

지속 가능하지 않은 도시 형태인 스프롤 확산을 방지하기 위한 정책이 여러 도시에서 시행되었다. 1973년 오리건(Oregon)주가 추진한 도시 성장구역(Urban Growth Boundaries) 등이 대표적이다. 도시 성장구역은 이후 워싱턴주, 노스캐롤라이나주, 버지니아주, 캘리포니아주, 펜실베이니아주 등으로 퍼져나갔다. 그러나, 개발수요를 도시 성장구역에 집중시킨 결과, 주택 가격이 상승해 서민들이 도심에서 밀려나는 현상이 발생하기도 했다. 또, 도시 성장 구역 내 개발에 있어서 개발자들의 이익에 따라 원칙 없는 건물이 생기면서 도시 내부의 스프롤 발생이라는 아이러니한 현상이 발생하기도 했다.

스마트 성장은 이런 진통 속에서 성장했다. 보다 다각적이고 종합적인 정책을 수립해야 한다는 욕구에서 생겨난 것이다. 스마트 성장에 대한 아이디어가 탄생한 것은 1990년대 중반이었다. 미국의 경우 부동산 정책은 대부분 지방 정부의 권한에 속한다. 스마트 성장은 이례적으로 연방 정부에서 적극적으로 추진했다. 여기서 탄생한 것이 스마트 성장 네트워크(Smart Growth Network)다. 이 네트워크는 공공정책 담당자, 시민사회단체뿐 아니라 부동산 개발업자까지 포함한 광범위한 회원들로 구성된 단체였다.

1997년 메릴랜드주에서 스마트 성장 및 근린주구 보존법이 제정되었다. 주지사 글렌데닝(Glendening)은 스마트 성장의 개념을 실제 주 정부 정책으로 구현하고자 했다. 토지 이용에 대해 직접적인 규제보다는 재정지원 및 인센티브 정책을 강화한 것이다. 재정 지원 우선 지역을 정해 지원하고, 고용 창출 기업에 대해서는 세금도 감면했다. 직주근접 유도 정책, 농지매입 정책 등으로 특정 공간에 대한 성장유도 정책과 도시 내부의 폐산업단지 재활용 정책도 포함되어 있다.

스마트 성장은 도시의 확산을 막고, 대중교통을 중심으로 보행자와 자전거가 다니기 편한 도시를 만들자는 도시 계획이다. 고용과 주거 선택 범위의 확장, 개발에 따른 이익의 공평한 분배, 자연 및 문화 자원의 보존·증진, 공중 보건 향상 등 지역 공동체의 가치를 높이는 것이 목표다. 압축적인 고밀도 정주공간 조성을 위해 신규개발을 통한 도시의 외연 확장을 제한한다. 도시의 재개발과 신규 개발은 고밀도·복합용도 개발을 원칙으로 한다. 교통 정책은 승용차 이용을 최소화한 대중교통과 보행자 중심으로 수립한다.

스마트 성장 정책은 2002년 미국 '국제 도시·주 관리연합'에서 발표한 스마트 성장 10대 기본원칙 10개에 담겨 있다. 그 내용은, 토지 용도의 융·복합화, 고밀 압축 설계방식의 활용, 주거 기회 및 선택의 제공, 걷기 편리한 커뮤니티 조성, 강한 장소성을 가진 차별화되고 매력적인 커뮤니티 조성, 오픈스페이스·농지·양호한 자연경관·환경적으로 중요한 지역의 보전, 기존 커뮤니티에 대한 개발 및 관리기능 강화, 교통수단 선택의 다양성 제공, 예측가능하고 공정하며 비용 효율적인 방식으로 개발을 결정, 개발 결정과정에서 커뮤니티와 다양한 이해 당사자 간의 협력 촉진 등이다.

이런 노력에도 불구하고 스마트 성장 정책은 크게 성공하지 못했다. 그 사유는 첫째, 단독주택 소유를 즐기는 미국 시민의 성향이 고밀개발을 받아들이지 못한 것이 원인이다. 둘째, 스마트 성장을 지향하는 도심의 주택가격 상승이 정책 집행의 발목을 잡았다. 셋째, 대중교통을 이용한 교통 정책의 실패도 원인 중 하나다. 소득의 향상은 승용차 소유 증가를 불러오기 때문이다. 이 밖에 주 정부와 연방 정부 간의 의견충돌, 개발업자와 토지 소유자의 이익 감소, 개발 이익의 분배 관련 이해관계자 간의 갈등 등도 스마트 성장 정책의 성공을 저해하는 요소다.

매력적인 콤팩트 시티, 포틀랜드

콤팩트 시티의 사례로 미국 오리건주 포틀랜드시를 들 수 있다. 인구의 교외화로 시가지가 무분별하게 확산된 일반적인 미국의 도시와는 달리, 포틀랜드는 상당히 압축된 형태의 도시 모습을 보이고 있다. 미국의 도시들은 도시 형성의 역사가 짧고, 자동차 위주의 도시 계획으로 간선도로망을 따라 도시가 확산되는 스프롤 현상이 발생하는 데 반해, 포틀랜드는 1980년부터 설정한 도시 성장경계선으로 인해 현재와 같은 고밀도의 압축 도시가 되었다. 포틀랜드는 타 도시와 달리 기반시설 설치 및 유지관리 비용을 절감하고 대중교통 중심의 압축 도시로 자리 잡았다. 포틀랜드는 걷기 좋은 도시다. 도보나 자전거, 버스, 경전철을 이용해 20분 이내에 포틀랜드 지역에서 필요한 모든 것을 얻는 것이 가능하다.

오리건주 포틀랜드. 포틀랜드시 도시 계획의 모토는 생활권 기반의 '완전한 근린 (Complete Neighbourhoods)'이다.

출처 : 게티이미지뱅크

2012년에 발표된 '포틀랜드 계획'은 번영과 교육, 건강과 평등을 핵심으로 한 종합적 도시 계획이다. 포틀랜드 계획의 핵심은 완전한 근린(Complete Neighborhood)이다. 완전한 근린은 상하수도시설, 대중교통, 환경, 공원·녹지, 여가, 공공서비스 등의 균등한 향유를 위해 중심지와 녹지 축을 생활권과 연결하는 것이 목표다. 활력 있는 중심지를 조성하고, 이 중심지와 사람과 자연을 건강하게 연결한다. 도보나 자전거를 이용해 20분 반경 안에서 상업, 여가, 대중교통은 물론, 주거와 경제 활동의 접근성을 확보하도록 공공시설과 서비스를 공급한다. 20분 도보 생활권은 탄소 배출량 감소를 위한 방안으로 추진되었다. 2030년까지 시민이 도보나 자전거로 일상생활이 가능하도록 할 계획이다.

일본의 콤팩트 시티

일본의 인구는 1900년에 4,400만 명이었다. 그 후 지속적인 인구 증가로 2010년에는 1.28억 명으로 최고를 기록했다. 2022년 기준으로 일본 인구는 1.24억 명이다. UN 세계 인구 전망을 보면, 2060년경 1억 명이 붕괴되고, 2100년경에는 7,000만 명대로 떨어질 것이라고 한다. 일본의 합계 출산율은 2005년 1.26명으로 사상 최저치를 기록한 이후 2015년에는 1.45명까지 회복했다. 그러나 다시 감소해 2021년은 1.3명을 기록했다. 2021년 기준 고령화율은 29.1%로 세계적인 초고령 사회다. 일본은 우리나라보다 먼저 지방 중소 도시의 소멸 위기를 겪었다. 극심한 지방 소멸의 문제를 고민하던 일본은 2002년 도시 재생특별조치법을 제정하면서 '민간의 활력을 중심'으로 한 도시 재생을 추진했다. 2014년에는 입지적정화 계획을 수립하고, 같은 해 지역 공공교통망형성 계획을 수립하면서 콤팩트·네트워크 공간 구조를 형성하려 노력했다.

　콤팩트 시티 사업은 대도시와 중소 도시로 구분해 진행했다. 대도시의 경우 특정 거점에 대한 대규모 재개발사업의 형태로, 중소 도시는 입지적정화 계획이 추진되었다. 입지적정화 계획은 인구를 특정 지역에 모여 살도록 하는 정책이다. 거주 유도 구역과 기능 유도 구역으로 나누어 도시를 개발했는데, 이를 지방창생 정책이라고 칭했다.

대도시 콤팩트, 도시 대개조 사업

　일본 도쿄는 2020년 올림픽을 계기로 도시 대개조 사업이 진행되었다. 낙후된 도심의 경쟁력 향상을 위해 도시 재생이 추진된 것이다. 도심 재생사업은 철도역세권을 중심으로 추진되었는데, 철도역사에

시부야 역세권의 전경. IT와 문화, 청년 상업, 첨단기업과 벤처기업이 모인 도쿄의 핫 플레이스다.

출처 : 게티이미지뱅크

대한 복합개발뿐 아니라 철도역 주변지를 포함한 대형 프로젝트다. 도쿄역, 시오도메, 시부야 등에서 진행된 프로젝트는 민간 주도형 재생 사업이다. 추진 방식은 교통시설을 복합화해 환승연계 구조를 완성하는 거점 형성 방식이었다.

시부야 역세권 사례는 콤팩트-네트워크 형식이다. 도심 역세권을 도시 재생의 거점으로 삼아 고밀·복합개발하고, 타 지역과의 네트워크 거점으로 활용된다. 시부야 역세권은 8개의 철도노선이 교차하는 교통의 거점이다. 그동안 환승 동선이 복잡하고 보행 공간이 협소해 이용자들이 불편을 호소하던 지역이었다. 주요 사업은 도시 재생 특별지구와 도시 기반시설 정비 등이다. 철도 부지 일부의 지하화, 입체적 보행네트워크 설치, 지하철역 상부의 복합시설 조성, 문화·예술 관련시설 설치, 녹지공간 확충 등이 추진되었다. 특히, 지하철역 상부에는 43층 규모의 고층 업무동을 건축했는데, 창조 산업의 집적을 유도하기 위해 임대 방식으로 운영하고 있다. 또 연접 개발한 지역에 청년·예술가 등 창조 인력을 위한 단기 임대 공간을 조성해 다양한 산업 생태계를 이룰 수 있도록 했다. 시부야에는 수십 개의 코워킹 스페이스가 운영 중이다. 이 공간에서 다양한 사람들이 만나 교류하며 전문 분야에서 협업하며 하나의 프로젝트를 완성한다. 네트워크를 통한 새로운 업무 방식은 역세권이라는 장소적 경쟁력을 통해 경제 활성화에도 기여하고 있다.

시부야역 도시 재생으로 탄생한 시부야 히카리에는 복합문화 공간이다. 저층부에는 백화점과 카페 등 상업시설이, 중층부에는 뮤지컬극장, 영화관, 갤러리 등 문화 공간이, 상층부에는 업무 공간인 오피스를 설치했다. 하나의 건물에 여러 용도와 기능을 복합적으로 배치하는 수직의 복합용도 시설이다. 이 사업으로 인한 개발 이익은 거의 지역 환경 개선에 재투자했다.

개발사업의 성공으로 시부야 역세권은 도쿄의 대표적인 부도심으로 다시 자리 잡았다. 상업과 패션의 거점으로 많은 청년 인구가 집적하는 관광지와 함께 고급 주거지를 형성했다. 특히, 시부야역 스크램블 교차점은 역동적인 보행로로 유명하다. 시부야역의 하루 유동 인구는 약 300만 명이다. 스크램블 교차로는 최대 3,000명이 동시에 길을 건너는 지역이다. 스크램블 교차로는 매일 밤 이런 장관을 연출하며 도쿄를 빛나게 한다.

지방 도시 콤팩트, 입지적정화 계획

입지적정화 계획은 인구 감소로 지역 소멸의 위기에서 일본이 추진한 콤팩트 시티 정책이다. 일본은 우리나라보다 앞서 인구 감소와 지방 소멸 위기를 맞이했다. 고도성장기에 조성했던 공공시설 등이 인구 감소로 인한 세수감소로 운영이 어려운 상황에 직면한 것이다. 인구밀도의 저하로 각종 도시 생활 지원기능의 유지가 어려워졌고, 고령층이 증가하면서 복지기능의 확대가 필요했다. 2014년 계획된 입지적정화 계획은 여러 곳에 흩어져 있는 공공시설, 의료·복지시설, 상업시설을 한군데로 모으고, 이를 연계하는 교통망을 재구축해 도시기능을 회복하자는 정책이다.

입지적정화 계획에서 반드시 지정해야 하는 필수구역은 '거주유도구역'과 '도시기능유도구역'이다. 필수구역 외에 임의로 지정할 수 있는 구역은 거주조정지역, 이전 적지 등 적정관리구역, 주차장배치적정화구역 등이다.

거주유도구역은 일정 면적에 인구밀도를 유지해 생활서비스나 지역 커뮤니티가 확보할 수 있도록 주거를 유도하는 지역이다. 거주유도지구를 정하는 곳은 몇 가지 요건이 있다. 향후 양호한 거주 환경을 확보할 수 있는 지역, 대중교통을 이용해 주요 거점으로 쉽게 이동할 수 있는 지역, 도보생활권 내에 의료, 복지, 상업시설 등을 이용할 수 있는 지역 등이다.

도시기능유도구역은 거주유도구역 내에 지정이 가능하다. 도시의 중심거점이나 생활거점에 도시기능을 집약시켜 각종 편의시설을 효율적으로 이용하도록 계획된 구역이다. 도시 계획을 통해 구역을 설정하고, 각 구역별로 필요한 도시기능을 집적시킨다. 예를 들면 도심에는 상업·의료·복지시설 등이 배치를 유도해 도시의 중심거점으로 삼고, 지역별 생활거점에는 해당 지역 주민이 일상생활에 필요한 슈퍼마켓이나 의원 등을 모으는 방식이다.

이 밖에 필수지정 요건이 아닌 지역도 있다. 거주조정지역, 적정관리구역, 주차장배치적정화구역 등이 그것이다. 거주조정지역은 택지화를 억제하기 위해 지정한다. 적정관리구역은 나대지가 증가함에도 불구하고 주택이 존재하는 지역이다. 주차장배치적정화구역은 보행자의 이동상 편리성과 안정성 향상을 위해 주차장 배치계획을 수립하는 지역이다.

거주유도구역 밖이라고 해서 거주를 완전히 금지하지는 않는다. 거주유도지역에 거주하는 사람들에게는 인센티브를 주고, 거주유도구역

밖에 거주하는 사람들에게는 페널티를 준다. 개발행위, 건축규모 등에서 규제하는 방식이다.

일본 정부에서는 입지적정화 계획의 성공을 위해 지방자치단체에 다양한 보조금을 지원한다. 또 도시 공간을 압축적으로 운영해 지하철 역세권이나 도로의 결절점을 거점으로 삼아 거주지를 밀집시키고 있다. 거점을 중심으로 공공교통정비, 도시기능유도시설을 설치한다. 이와 같은 행위를 통해 거주유도구역으로 인원을 집중시켜 시민들이 기성시가지의 인프라와 교통 네트워크를 활용하게 해 도시 축소에 대비하고 있다. 2021년 7월 말을 기준으로 398개 도시에서 입지적정화 계획이 수립되어 있다.

파리의 콤팩트 시티

도보 생활권 내에서 모든 용무를 해결할 수 있는 '도보 생활권 도시'에 대한 관심이 증가하고 있다. 프랑스 파리는 15분 생활권 도시의 성공 사례다.

파리의 15분 도시는 도보와 자전거를 이용해 15분 이내로 도달할 수 있는 곳에서 주거와 일, 쇼핑, 건강, 교육, 취미 등 모든 것을 누릴 수 있는 도시를 만들자는 취지다. 이를 통해 지역 내 거주민과의 연계성을 강화해 도시의 삶과 서비스가 지역사회 안에서 이뤄지도록 하는 개념이다.

도시 내 유휴 부지를 활용한 콤팩트 시티를 만드는 것이 최근 트렌드다. 공공기관이 보유한 유휴 부지를 활용해 주거와 녹지, 생활 SOC 등 도시 부족기능을 채우는 것이다. 공공 유휴지를 활용한 콤팩트 시티 성공 사례가 있다.

파리 재생, 리브고슈

프랑스 파리의 리브고슈 프로젝트(Rive Gauche Project)는 프랑스의 대표적인 도시 재생 프로젝트다. 리브고슈 프로젝트는 파리 도심에서 인접해 있는 센강 왼쪽 연안에 속하는 파리시 13구 재정비 사업이다. 이 지역은 도심과 근접해 있지만, 철도노선이 복잡하게 얽혀 있어 지역단절과 낙후현상이 심했다. 도심과 가깝고 인구가 많은 지역으로 재정비 사업이 필요했다.

시급한 것은 철도시설로 단절된 지역에 대한 연결이었다. 주민들이 강변을 자유롭게 산책할 수 있도록 낙후된 공장지역을 재정비했고, 철길 상부에 대규모 인공 도시를 건설했다. 폭 100m, 길이 3,000m의 인공 도시에는 주거와 상업시설은 물론 녹지와 도로, 학교 등 시설을 배치했다. 리브고슈 프르젝트는 5개의 중심 구역으로 나눠 진행되었다. 각 구역마다 도시미관을 고려해 특색 있는 시설을 배치했다. 특히, 파리 도심에 부족한 업무, R&D와 창업공간을 조성했고, 쇠퇴지역의 주민들을 위한 녹지, 공공주택 공급도 추진했다. 5개의 중심 구역 중 톨비악 지구의 과거 철도청 창고건물을 스타트업 인큐베이터 공간으로 만드는 등 특색 있는 건물로 도시의 매력을 향상시켰다. 리브고슈 프로젝트를 대표하는 프랑스 국립도서관에는 세계 최초의 금속활자인 우리나라의 직지심체요절이 보관되어 있기도 하다.

특색 있는 도시 재생으로 리브고슈 지역에는 파리 7대학, 국립도서관, 종합병원 등도 속속 입주하면서 발전하고 있다. 주거시설도 배치되었다. 공급된 주택 5천 호 중 절반이 공공임대주택인데, 자재의 품질을 높여 고급화한 것이 특징이다. 철도시설로 인한 지역단절이 사회문제로 대두되고 있는 우리나라에서 리브고슈는 본받아야 할 도시 재생 사례다.

유럽 최대의 업무단지, 라데팡스

리브고슈가 도심 인근에서 역사와 전통을 살리는 도시 재생 사례라면, 라데팡스는 파리외곽에 업무단지로 조성된 대표적인 신도시 개발 사례다. 파리 북서쪽에 위치한 라데팡스는 프랑스의 맨해튼이라고 불리는 유럽 최대의 업무단지로 조성되었다. 파리시의 인구 증가와 비대화를 도시 재생사업만으로는 감당하기 어렵게 되자, 파리 도심에서 8km 떨어진 역사 축 서쪽 끝에 부도심으로 건설한 것이다. 개발한계

파리 라데팡스의 전경. 유럽 최대의 업무단지로 고층 건물 중간에 신개선문이 보인다.
출처 : 게티이미지뱅크

에 부딪힌 파리의 업무기능과 인구분산을 목적으로 초고층 사무실 빌딩, 공원, 주거지가 융합된 복합단지로 조성했다.

과거 라데팡스 지역은 파리의 관문 역할을 해왔다. 그런데 이곳에 프랑스 혁명 2백주년 기념물인 신개선문을 건립하면서 역사의 흐름축에 포함되었다. '루브르박물관-콩코드광장-샹젤리제거리-개선문-신개선문'으로 이어진 것이다. 이런 입지적 장점으로 오늘날 라데팡스는 업무·주거·상업·숙박·문화 등의 복합기능을 갖춘 명실상부한 파리의 부도심으로서 프랑스 상위 20개 업체 중 14개 업체가 입주한 유럽 최대의 업무지구로 성장했다.

원래 이 지역은 행정구역상 파리가 아니다. 쿠르브부아(Courbevoie), 퓌토(Puteaux), 뇌이쉬르센(Neuilly-Sur-Seine) 등 세 개의 자치시에 속해 있다.

이 때문에 신도시 개발 계획 시 국가와 자치시, 자치시 간 의견충돌이 발생할 수밖에 없었다. 그래서 1958년 국가와 파리, 자치시 등으로 구성된 라데팡스 개발청(EPAD)을 설립했고, 30여 년의 장기프로젝트로 체계적인 신도시 건설이 추진되어, 1990년경 대부분의 공사가 마무리되었다. EPAD는 도시 인프라 구축, 도시 계획 연구, 공동시설 유지·보수, 문화적 기능의 증대 등의 업무를 담당했다.

라데팡스는 업무지구와 공원·주거 복합단지로 구분되어 있다. 업무지구인 A Zone은 30만 평 규모의 상업지구에 1,500개의 기업, 15만 명의 직원이 일하고 있다. 주거 및 공원지역인 B Zone에는 2만 명이 거주 중이다. 라데팡스는 보행로와 도로를 지상과 지하로 분리했다. 지상은 건물과 보행자를 위한 공간이고, 지하에는 도로, 철도, 주차장을 두었다.

라데팡스는 다음과 같은 특징을 가지고 있다. 고층·고밀·복합개발임에도 불구하고, 인공지반의 도입과 복층구조라는 독특한 공간구성을 통해 넓은 오픈스페이스를 확보하고 있다. 쾌적성을 강조한 도시 형태다. 라데팡스 교통계획의 특징은 지하교통망 건설을 통한 '보행자 지상주의'라는 새로운 환경을 창출한 것이다. 라데팡스의 교통망은 도심과 공항, 기차역, 중심업무지구와 원활하게 연결하며, 하루 15만 명을 이동시키고 있다. 라데팡스는 건축물의 시험장이다. 다양한 형태의 건축물이 이름난 건축가에 의해 건축되었고 새롭게 건축되고 있다. 대표적인 건축물은 바로 신개선문이다. 유럽 최대의 업무지구임에도 불구하고, 도시설계에 역사적인 의미를 부여했다. 건축물에는 예술적 감각을 가미해 미학과 기능이 조화된 도시로 조성되었다.

🌐 우리나라의 콤팩트 시티

앞서 미국의 스마트 성장을 통한 콤팩트 시티 정책에 대해 기술했다. 미국에서 진행된 스마트 성장 정책은 큰 성공을 거두지 못했다. 그 주된 원인은 도시 외곽의 단독주택 소유를 즐기는 미국인의 성향과 자동차 중심의 미국 교통 체계에 있다. 또, 부동산 정책에 대한 대부분의 권한을 주 정부가 가지고 있음에도 스마트 정책은 연방 정부가 적극 추진했다는 점도 부정적인 요인이었다. 연방 정부에서 추진하는 부동산 정책을 주 정부에서 반대하거나, 시행하지 않으면 성공할 수 없는 구조 때문이다.

여건이 다른 우리나라

우리나라의 경우는 미국과는 반대다. 우리나라 국민들은 아파트를 즐기고, 부동산 정책도 정부에서 주도한다. 그만큼 콤팩트 시티의 성공률이 높다.

우리나라 국민들은 단독주택보다 아파트 거주를 선호한다. 이것은 우리나라 주택 비율에서 드러난다. 2021년 기준, 전국 주택 재고 중 공동주택 비율은 78.3%다. 공동주택 중 아파트 비율은 63.5%다. 전국 주택 수 1,881만 호 중 아파트가 1,195호 수를 차지할 정도로 아파트 거주율이 높다. 우리나라 국민들은 미국인과 다르게 고밀개발을 선호한다.

우리나라의 부동산 정책은 중앙 정부가 주도한다. 부동산 정책에 관한 지방 정부의 권한은 매우 미약하다. 그래서 미국의 경우와 같이 연방 정부의 정책을 지방 정부가 차단하는 일은 거의 발생하지 않는다. 부동산 개발로 인한 이익도 높은 편이다. 그래서 토지 소유주나 개발업자들도 손실이나 이윤 분배 문제로 개발을 포기하는 경우는 거의 없다. 우리나라는 미국 등 선진국에 비해 고밀·복합의 콤팩트 시티 조성에 좋은 조건을 가지고 있다.

물론 선진국의 사례를 우리나라 도시 계획에 그대로 적용하기는 어렵다. 우리나라만의 콤팩트 시티 이론 정립이 필요하다는 이야기기다. 콤팩트 시티 이론의 핵심요인을 고려한 우리나라에 적합한 체계를 정립해 가야 한다. 콤팩트 시티의 성공 요인은 집약된 계획, 고밀·복합개발, 대중교통, 생활서비스시설, 체계적인 인프라, 접근성, 온실가스 감축, 에너지 절약, 보행 및 자전거 활성화, 사회적 통합 등이다.

높은 인구 밀도

우리나라만의 콤팩트 시티가 필요한 이유는 다른 나라와의 여건 차이 때문이다. 가장 큰 차이점은 국가 간 인구밀도다. 우리나라 인구밀도는 세계 최고 수준이다. 우리나라 내 대도시와 지방 도시의 밀도 차이도 상당하다. 특히, 인구가 감소하는 상황에서 성장하는 도시와 축소하는 도시의 상황이 적절히 반영된 정책이 필요하다.

2021년 기준으로 우리나라 인구밀도는 km²당 515명이다. 도시국가나 초미니 국가를 제외하면 세계에서 4위, OECD 국가 중에는 1위로 높은 수준이다. 2021년 인구주택 총조사를 기준으로 우리나라 인구는 약 5,200만 명이고, 국토의 면적은 10만 412km²이다. 이에 반해 미국의 인구밀도는 km²당 35명에 불과하다. 낮은 인구밀도로 미국은 단독주택, 자가용 중심의 교통 체계가 주를 이뤘다.

앞서 에드워드 글레이저의 '도시의 승리'에 대해 언급한 바 있다. 글레이저는 이 책에서 콤팩트 시티의 사례로 미국과 인도를 들었다. 그런데 두 국가의 도시는 우리나라와 많은 차이가 있다. 미국의 교외지역은 인구밀도가 낮고, 인도의 뭄바이는 인구밀도는 높으나 용적률이 130% 수준으로 낮다. 서울 도심의 일반상업지역 용적률은 600%이며 서울의 인구밀도 역시 km²당 15,699명으로 세계 최고 수준이다. 우리나라의 경우는 충분한 인구밀도에 충분한 밀집이 이뤄졌다는 이야기다. 나는 글레이저가 틀렸다는 이야기를 하고자 함이 아니다. 우리나라와 여건이 다르다는 이야기다. 우리나라에서의 콤팩트 시티는 높은 인구밀도를 고려한, 지역별로 상이한 전략이 필요하다는 것이다.

우리나라에서 필요한 콤팩트 시티는 단순히 고밀화가 아니다. 대도시의 경우는 더욱 그렇다. 서울의 인구밀도는 마카오나 모나코 등 도시국가와 비슷한 세계 최고 수준이다. 지역의 대도시도 대부분 1,000명이 넘는다. 부산은 km²당 4,320명, 경기도는 1,335명, 울산은 1,058명이다.

우리나라는 인구밀도의 지역적 편차 역시 고려해야 한다. 주요 대도시의 인구밀도가 km²당 1,000명이 넘는 반면 지방 도시는 높지 않다. 경상남도는 km²당 315명, 충청남도는 264명, 충청북도는 220명, 전라남도 144명, 경상북도는 139명, 강원도는 90명이다.

또 다른 스프롤, 한국의 난개발

콤팩트 시티가 탄생한 배경은 도시 스프롤 현상이다. 스프롤은 대도시 교외부의 무질서, 무계획하게 주변지역으로 확산되는 현상인데, 우리나라의 경우 미국과는 다른 양상으로 진행되었다. 미국의 스프롤이 도로를 따라 저층의 주거지가 불규칙적이고 무분별하게 확장되는 데 반해 우리나라는 고층의 주거지가 비계획적이고 불규칙하게 들어섰다. 이를 난개발이라고 한다. 난개발은 종합적인 토지 이용계획이 없이 기존 도시 주변에 밀집 또는 산발적으로 시가지 개발이 이뤄지는 현상이다. 진입도로·상하수도 등 기반시설과 주민을 위한 공공·복리시설이 제대로 공급되지 못한 채 기존 도시나 대규모 택지개발지구 인근에 고층의 주거지가 계획 없이 조성된 것이다.

우리나라의 콤팩트 시티는 수도권과 비수도권, 대도시와 중소 도시에 각각 다른 처방과 계획이 필요하다는 것을 알 수 있다.

대도시의 콤팩트 시티

대도시, 특히 수도권에서의 콤팩트 시티는 수도권 집중과 치솟는 집값 문제 해결이 큰 과제다. 직장과 주거의 근접, 거점개발 등도 함께 해결해야 한다.

업무와 교통 등 거점지역을 정하고, 거점의 용적률을 상향해 고밀·복합개발로 주택과 업무시설을 공급하는 것이 좋다. 도심개발의 경우 복합용도로 진행하는 것이 중요하다. 서울의 경우 지나친 용도지역을 고수한 명동 등 구도심과 강남을 비교해보면 복합용도의 중요성을 알 수 있다. 수십 년째 대규모 상업지역 위주로 개발·관리되어온 서울 구도심은 낮과 다르게 밤이 되면 인적이 끊긴 공동화 현상이 심해진다. 반면 대로변은 상업지역, 대로변 뒤쪽은 주거지역을 배치해 일부 복합용도로 관리되어온 강남의 경우 24시간 활기가 넘친다.

강남역 주변. 명동과 함께 우리나라 최대의 번화가다. 교통의 요지로 서울과 경기도를 연결하는 버스와 지하철의 환승이 이뤄진다.

출처 : 게티이미지뱅크

우리나라 대도시의 경우, 콤팩트 시티는 주로 신도시 개발과 함께 진행되었다. 광역철도와 도시철도가 접하는 교통의 결절점이 콤팩트 시티 거점이었다. 거점을 고밀·압축 개발하고 도시 차원의 기능을 배분하는 방식으로 콤팩트 시티로 추진되었다. 유휴 부지가 부족한 서울의 경우, 기존 시설을 활용한 콤팩트 시티가 추진되기도 했으나, 대부분은 신도시 개발과 함께 진행되었다. 외곽의 그린벨트(GB)를 비롯한 유휴용지를 활용해 공공 택지지구를 지정하는 방식이다. 택지지구 지정 후 필요한 교통망과 각종 생활기반시설을 계획했다. 대표적인 사례는 수도권 1~3기 신도시이다. 신도시 조성 시 경부고속도로 라인으로 도로를 연결했고, 지하철도 개통했다. 신도시는 인근 지역의 난개발을 불렀다. 소위 베드타운(bed town)이라고 부른 위성도시의 양산은 미국의 스프롤보다 더한 교통체증을 유발했다. 직주근접을 통해 이동거리를 줄이자는 콤팩트 시티의 취지에 역행했다. 난개발의 치유를 위해 우리나라는 엄청난 사회적 비용을 지불하고 있다.

광역교통 역세권을 중심으로

역세권 콤팩트 시티는 철도역을 중심으로 광역교통과 연계를 통해 거점지역을 고밀·복합개발 하는 개념이다. 고속철도 역을 중심으로 지하철, 철도, 시내·외 교통이 연계되는 지역에 대규모 역세권 개발이 이뤄진다. 고밀·복합개발을 통해 수평적 네트워크는 물론, 수직적인 네트워크를 동시에 형성하는 방식이다. 수직적 네트워크는 수직 방향의 고밀개발을 통해 고층에 필요공간을 만들거나 지하로도 개발 축을 연장한다. 철도역에서 300m 이내인 초역세권, 600m 이내를 역세권이라고 하는데, 이 지역을 고밀개발해 도시의 거점으로 삼고 대형 오피스, 복합쇼핑몰, 주거시설 등을 배치하는 방식이다.

보행을 통해 역사와 관련 시설을 이용할 수 있고 대중교통망과도 연계된다. 이 방식은 택지를 지정한 뒤 교통망을 수립하는 일반적인 신도시와는 달리 이미 교통시설이 있거나 계획된 지역을 대상으로 개발하는 방식이므로 효율적이다.

특정 지역이 고밀도로 개발되면 기능이 복합화되어 사람의 이동이 감소한다. 동일공간에 아파트와 오피스가 입지하면 출퇴근 거리가 짧아지고 주거여건도 개선된다. 서울 삼성동 역세권이 그렇다. 역세권 주상복합단지에 거주하면서 도보거리의 직장, 백화점, 마트, 병원, 극장 등 편의시설을 이용한다. 장거리 이동 시 지하에 있는 광역철도를 이

삼성역 주변으로 광역복합환승센터가 공사 중이다. 5개 철도교통이 연결되고, 공공·상업시설 및 버스종합환승센터가 세워진다.

용하고, 항공 이용 시 같은 건물의 공항터미널에서 보딩(boarding)을 하고 지하철을 이용해 공항으로 이동하는 패턴이다.

역세권 콤팩트 시티는 기반시설을 역세권에 집중배치 함으로써 이용효율과 비용절감 효과를 누릴 수 있다. 그러나 충분한 검토도 필요하다. 일반적으로 철도의 건설 기간은 주택을 건축하는 기간보다 훨씬 더 오래 걸린다. 신도시나 주택 등이 입주한 후에도 철도가 개통되지 않고, 적절한 교통대책도 준비되지 않으면 큰 어려움이 따르기 때문이다. 과거 수도권 난개발지역에서 겪었던 교통지옥이 재연될 가능성도 있다. 이는 신도시의 입주율 저하, 상업이나 업무시설의 공실률 증가로 이어질 수도 있다.

지방 도시의 콤팩트 시티

고령화와 인구 감소는 다가올 미래이다. 인구 감소와 청년 인구의 수도권 이동이라는 이중고를 겪고 있는 지방 도시들은 도시 축소현상을 인정하지 않는 듯하다. 도시가 성장할 것이라는 전제하에 인구 늘리기에 집중하고 있기 때문이다. 인구 늘리기의 결정판은 외곽의 신도시 개발이다. 도심 외곽지역에 철도역, 대형마트, 관광단지, 산업단지 등 새로운 인프라 유치에 열을 올린다. 그 후 새 인프라 인근에는 어김없이 택지를 조성한다. 구도심의 낡은 주택에 살던 주민들은 대거 신도시로 이주한다. 이것은 구도심의 공동화로 이어지고, 구도심을 재생한다는 명목으로 지자체는 예산을 투입한다. 이런 현상은 최근 도시축소를 겪고 있는 거의 모든 지방 도시에서 발생하고 있다.

도심공동화는 각종 서비스 수혜인구의 부족을 초래했다. 소매, 음식, 오락, 의료기관 등 생활편의시설은 감소하고 있다. 생활편의시설의 감소는 고용 및 인구 감소로 연결된다. 이는 다시 세수감소와 지방재정 악화로 이어진다. 지방의 재정력 부족은 행정서비스 수준 저하를 가져오는 것은 당연하다.

그렇다고 이런 축소현상을 부정적인 시각으로만 볼 일도 아니다. 도시 축소가 확정적인 미래라면 도시 효율화와 공간의 합리화를 추진할 계기로 삼을 수 있기 때문이다. 도시가 성장할 때는 접근성이 양호하고, 지가가 높은 도심지역부터 외곽으로 확장한다. 반대로, 축소할 경우, 도시는 골다공증 환자의 뼈와 같이 도시 곳곳이 불규칙하게 손상된 형태로 비워지게 된다. 축소기를 이용해 도시 공간을 질적으로 개선하고, 기후변화에 적합한 도시, 정주 환경이 개선된 도시로 전환할 수 있다.

지방 도시도 거점 중심 집약화

지방 도시의 경우는, 기반시설 유지비용을 줄이기 위한 압축적인 도시 공간 개발에 초점을 맞춰야 한다. 도시 내 자원의 효율적으로 이용하고 지속 가능성을 높이기 위해 주거지와 도시기능을 집약해야 한다. 이 과정에서 도심의 역사적인 가치를 훼손하면 안된다. 무리한 개발로 인한 가치 훼손은 도시의 정체성을 상실할 수도 있다.

첫째, 거점을 지정하고, 기능과 인구를 모아야 한다. 지방 도시의 정체성과 특성을 고려해 혁신거점을 정한다. 그 거점을 중심으로 기능을 집약하고 용적률 완화 등을 통해 인구가 집중하게 한다.

둘째, 거점과 거점 간의 관계를 정립한다. 인프라가 구축된 구도심과 새롭게 조성된 역세권, 산업단지 등 새로운 거점 간의 관계를 정립해, 기능을 차별화하고, 상호 보완적인 관계를 구축한다.

셋째, 외곽개발 규제와 거점 중심으로 인구를 유도한다. 도시 외곽의 녹지에 대한 무분별한 개발 방지를 위한 기준을 강화해야 한다. 거점지역에 대해 새로운 인구 유입을 위한 제도를 강화한다.

넷째, 광역적인 차원에서의 정책 추진이 필요하다. 광역교통거점을 위주로 핵심거점이 추진되야 한다. 광역철도 등 교통의 결절점을 고밀·압축개발 해 분산된 기능을 집중하고, 이를 개별 도시와 연계하는 전략이 필요하다.

콤팩트-네트워크 시티

지방 중소 도시의 화두는 인구 확보다. 기초서비스 부족 해결과 경쟁력 강화를 위해서는 인구 확보가 필요하다. 시가화 면적이 유지된 채 인구가 감소하면 교통시설, 상하수도 시설 등 기반시설 유지를 위한 1인당 비용은 증가한다. 외곽으로 인구를 분산시켜 공동화가 심해진 도시에서 이 현상이 심해진다. 도시의 외연 확장과 도심공동화는 개발제한구역 해제가 원인이다. 시가지의 팽창을 억제하는 수단인 개발제한구역제는 1970년대 지정 이후 해제되어오다가, 2000년대 초반 수도권 대도시 등을 제외한 대부분의 지방 도시에서 전면 해제되었다. 이것이 외곽개발 가속화의 원인이 되었다.

콤팩트 시티는 도시의 확산으로 생기는 각종 문제를 해소하기 위한 정책이다. 도시의 기능과 인프라를 거점지역으로 집중시키고, 대중교통 중심으로 재정비하는 도시 계획이다. 대중교통을 통해 생활서비스와 공공시설 등에 대한 접근성을 높이는 생활권 위주의 삶을 지향한다. 콤팩트 시티 전략을 통해 분산되었던 인구가 밀집함으로써 사회계층 간 통합도 이룰 수 있다.

콤팩트에 네트워크 요소를 더하면 '콤팩트-네트워크'가 된다. 쇠퇴가 진행되는 도시에서는 도시서비스 공급을 위한 최소 규모의 인구 확보가 어렵다. 네트워크를 통해 도시 간 연합이 이뤄지면, 도시기능 유지에 필요한 인구의 확보가 가능하다. 고밀 복합개발을 통해 도심에 기능을 집적시키고, 네트워크로 도시권 전체의 생산성을 높이는 공간 구조를 실현한다면 대도시의 인구 규모를 달성할 수 있다. 인구 규모의 증대는 대도시에서 유치 가능한 고차원적인 도시 인프라를 유치할 수 있다. 콤팩트-네트워크에서 중요한 것은 거점과 연결성이다. 유동인구가 집중되는 철도역 등 광역교통 결절점은 좋은 거점이다. 대도시와의 연결이 쉽고, 권역 내 네트워크의 중심이 된다. 거점에 일자리와 문화, 상업 등 다양한 인프라를 집중시키고, 인근 도시와의 연결성을 확보하면 콤팩트-네트워크가 완성된다.

2020년 제5차 국토종합계획에는 콤팩트-네트워크에 대한 내용이 담겨 있다. '저성장, 축소 시대에 지방이 균형 있게 발전하려면 비수도권 13개 시도가 각자의 도시기능을 거점지역으로 집약시키고, 이를 여러 도시가 공동으로 활용하는 콤팩트-네트워크 도시전략이 필요하다'는 내용이다. 광역적인 콤팩트-네트워크의 경우 연계도시 간 합의와 연계가 중요하다. 도시의 특성을 인정하면서 도시 간 연계 협력이 이뤄져야 한다. 도시 연계를 통해 얻어지는 이익에 대한 지자체 간의 배분도 중요하다. 이익 배분은 공정해야 한다. 각 도시는 광역교통거점의 복합개발과 함께, 지자체 내부 네트워크도 재구성해야 한다.

● 콤팩트-네트워크의 조건

콤팩트-네트워크는 거점지역 도시 재생과 역세권 복합개발을 통해 효과를 거둘 수 있다. 집적을 통한 경제가치 상승, 노동생산성 증가, 인프라 및 도시 공간의 효율적 활용, 대중교통 이용 확대, 온실가스 저감 등이 그것이다. 콤팩트 네트워크 시티의 성공을 위한 조건은 많지만, 대표적인 내용은 거점지역의 고밀·복합용도, 광역교통 네트워크, TOD, MaaS 등이 있다.

거점지역의 고밀·복합용도 개발

성공적인 콤팩트-네트워크를 위해서 거점도시 선정이 중요하다. 권역 내 각 도시에 대한 기능과 도시 간 상호 의존성을 분석해, 도시권에서 영향력 있고, 중심성이 큰 도시를 거점도시로 선정해야 한다. 거점도시는 역세권 등 교통의 결절점에 있고, 병원이나 백화점 등 인프라가 풍부한 지역이면 좋다. 거점도시 결절점에 다양한 인프라의 집중을 위해서는 복합적 용도 적용과 고밀도 개발이 필요하다. 다양한 교통망이 연계하는 복합환승센터를 건축하고, 주변 도시와의 교통망을 재정비하면 콤팩트-네트워크 체계가 완성된다.

거점지역의 복합적인 용도는 중요하다. 용도지역제는 도시 공간의 기능이 중복되지 않도록, 토지의 용도를 구분하고, 이용목적에 맞지 않는 토지의 이용과 건축을 규제·관리하는 제도다. 그러나 오늘날과 같은 융·복합 시대는 이같이 경직된 용도지역제도의 변화가 필요하다. 엄격한 용도지역제는 출퇴근으로 인한 이동을 유발해 에너지 낭비를 초래하고, 시간별로 활성화되는 지역이 달라 비효율적이다. 특히 거점지역은 다양한 용도가 한 공간에 복합적으로 배치된 다기능 복합용도의 배치가 필요하다.

최근 거점지역 개발의 사례는 서울 삼성역 주변이다. 삼성역 주변은 서울시가 거점지역으로 선정해 개발 중이다. 영동대로 코엑스 사거리

영동대로 복합환승센터, 통합역사, 버스 환승 정류장, 공공 및 상업시설, 주차장 시설이 들어서는 최대 규모의 지하 개발인 삼성 역세권 개발이다.

출처 : 매일경제신문

부터 삼성역 사거리까지 597m 구간에 지하 7층 복합환승센터와 철도 터널, 주차장, 지상 광장 등이 조성된다. 복합환승센터는 지하철 2·9 호선과 GTX A·C노선, 위례 신사선 등이 지나는 철도통합역사와 버스 환승 정류장이 만들어진다.

이곳은 다핵도시 서울시에서 국제교류 복합지구로 지정되어 국제 업무 기능의 거점지역으로 육성된다. 현대차그룹의 신사옥에는 업무 시설, 상업시설, 관광숙박시설, 공연장 등 다양한 용도의 기능이 복합 운영될 예정이다. 인근에서 계획 중인 고밀 복합 건물에서는 전시, 컨 벤션, 호텔, 실내 스포츠 콤플렉스 등이 입주할 계획이다. 이렇게 삼성 역 주변은 국내 최대의 업무, 상업, 문화의 중심지로 탈바꿈할 것이다.

철도 중심의 거점과 네트워크

수도권 광역교통망인 GTX 건설이 진행 중이다. GTX는 광역교통 의 주요 거점에 설치된다. GTX가 정차하는 곳은 지역의 중심거점이 된다. 최상위 용적률을 부여하고 고밀·복합개발이 이뤄져 성장 산업이 배치된다. 상업과 업무, 주거공간이 밀집해 도보로 이용가능한 직주근 접의 생활권 거점공간이 된다. 인구와 일자리가 집적하고 지가도 상승 한다. 철도의 도입으로 도시권의 생활과 경제, 통근과 통학권은 확대 된다. 대도시권 내부가 철도로 연결되고, 대도시권 간을 고속교통으로 연결하면, 우리 국토 전체가 촘촘히 연결되는 새로운 공간으로 탄생할 것이다. 철도의 속도가 빨라지고 타 교통수단과의 연계와 환승이 강화 되면서 철도 중심의 교통 체계가 자리 잡게 된다. 철도의 경쟁력은 거 점성, 친환경성, 고속성, 정시성 등이다. 거점성은 균형발전을 위한 중요한 요소다. 인적, 물적 자원이 철도역사로 집중되고 철도역사 주변으로 다양한 시설이 집결되면서 거점성이 확보되고, 거점을 중심으로 도시는 발전한다. 철도의 고속화는 지역 간 거리를 좁힌다. 친환경성은 기후위기와 맞물려 탄소중립시대인 현재 더욱 중시되고 있다. 도로 중심의 교통에서 궤도 중심의 교통으로의 변화는 친환경성을 더욱 부각시킨다. 이 변화는 교통체증이 없는 정시성 확보로 도시생산성을 높여 준다.

철도를 경제 활동의 핵심 중심지로 만드는 것은 복합환승센터다. 고속철도와 광역철도, 도시철도, 버스터미널, 그리고 공항터미널까지 연계·환승이 가능한 복합환승센터는 초역세권의 콤팩트화를 이끈다. 역세권을 중심으로 새로운 산업과 다양한 기능이 연계하는 콤팩트 공간이 구성된다. 역세권을 중심으로 콤팩트하게 변한 도시는 네트워크를 통해 다른 지역과 연계하며 콤팩트-네트워크 공간 구조를 이루게 된다.

콤팩트-네트워크를 위한 혁신지구

도시는 혁신의 장소다. 혁신이 이뤄지려면 각종 규제로부터 자유로운 유연하고 혁신적인 도시 공간 창출이 필요하다. 융·복합적인 기능이 모일 수 있는 혁신적인 공간 확보를 위한 도시개발이 필요하다.

최근 국토교통부에서는 3가지 공간혁신구역을 도입하기로 했다. 도시혁신구역, 복합용도구역, 도시 계획시설 입체복합구역이 그것이다. 도시혁신구역은 용도·밀도의 제약 없이 개발이 가능한 구역이다. 싱가포르의 화이트 구역과 같이 용도제한이 없는 구역이다. 복합용도구역은 기존 용도지역의 변경 없이 다양한 용도의 시설 설치가 가능한 구역을 말한다. 마지막으로 도시 계획시설 입체복합구역은 도시 계획시설 복합화를 위해 용도와 밀도를 최대 2배 완화해줄 수 있는 구역이다.

또, 거점개발을 통한 도시 재생의 촉진을 위해 혁신지구 제도를 도입했다. 도시 재생법에서는 혁신지구를 도시 재생 혁신지구와 주거 재생 혁신지구로 나눴다.

도시 재생 혁신지구는 대도시나 지방 거점도시의 유휴시설이나 부지 등에 대한 고밀·복합개발을 통해 지역의 경제거점을 조성하는 사업이며, 주거 재생 혁신사업은 소규모 주거지에 생활밀착형 공공시설을 공급하는 주거 환경 개선사업이다. 이 두 사업 모두 지방 쇠퇴를 고려한 콤팩트-네트워크 도시 조성을 위한 사업이다.

도시 재생 혁신지구는 산업, 상업, 주거, 복지, 행정 등 2개 이상의

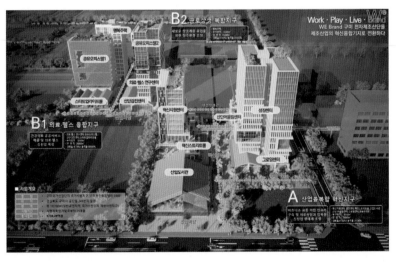

2019년 혁신지구로 선정된 구미공단. 50년 이상 된 낡은 공단이 재생되면 지역에 활력을 불어넣을 것으로 기대된다.

출처 : 구미시 홈페이지

기능이 집적된 지역거점으로 조성해 기업 유치와 일자리 창출로 지역 발전을 위한 혁신의 거점으로 조성하는 지구 단위 사업이다. 사업면적을 기존의 10배로 확대하고, 역세권 개발사업과 병행할 수 있도록 복합환승센터 사업까지 포함시켰다. 도시 재생 혁신지구가 넓은 도시 간의 연계와 압축전략이라면 주거 재생 혁신지구는 우리 동네 살리기 사업을 대표하는 지방 도시 소멸 위기 극복 정책이다. 인구 유출, 건물 노후화 등 소규모 주거지역에 도서관과 노인복지관 등 생활밀착형 공공시설을 공급해 지역 주민의 삶의 질을 향상시키는 사업이다.

혁신지구는 도시의 혁신 역량을 강화하는 역할을 하도록 조성해야 한다. 혁신을 창출하는 첨단기업과 이들 기업의 성장을 위한 시설을 배치해야 한다. 워크스페이스, 재창업 특화기관, 재정지원을 위한 금융 및 컨설팅 기관 등이 그것이다.

TOD 중심의 도시 개발

콤팩트-네트워크에서 중요한 것은 교통네트워크다. 교통네트워크는 광역교통과 시내교통으로 분류된다. 광역교통이 고속철도 중심이라면, 시내교통 체계는 대중교통 중심으로 연결되어야 한다. 대중교통 지향형 개발(TOD : Transit Oriented Development)은 대중교통시설이 잘 갖추어진 지점을 중심으로 고밀·복합개발을 추진해 난개발을 방지하고, 대중교통을 연계하는 개발방법이다. 이 방식의 성공을 위해서는 시민들이 대중교통 이용이 편리하고 효율적이라는 것을 느끼게 하는 것이 중요하다. 이것을 위해서는 고려해야 할 사항이 있다. 첫 번째, 도시교통

시스템을 구축해 대중교통을 편안히 이용할 수 있도록 하는 것이다. 두 번째, 대중교통의 효율적인 배치를 통해 도시 인프라에 대한 시민들의 접근성을 높여야 한다. 세 번째, 도심지역에 대한 적절한 교통통제가 필요하다. 도심에 대한 승용차의 진입을 억제하고, 환승주차장 배치 등을 통한 대중교통 활용성을 높여야 한다. 이렇게 도심의 고밀·압축개발, 보행자 위주의 동선확보, 대중교통의 연계·환승이 극대화되는 대중교통 지향형 개발로 도시 내 콤팩트-네트워크도 실현될 수 있다.

모빌리티 플랫폼

도시의 스마트화와 미래형 모빌리티의 등장으로 이동에 대한 패러다임이 변하고 있다. 정보통신 기술의 발달로 이동의 개념 또한 네트워크를 통해 이뤄질 수 있다. 도시교통을 총체적으로 관리하는 모빌리티 플랫폼인 MaaS가 등장했다. MaaS는 'Mobility as a Service'의 약자로 '서비스로서의 이동수단'이라는 뜻이다. 철도, 버스, 택시, 공유차량, 전동스쿠터 등 다양한 이동수단에 대한 정보를 통합해 사용자에게 최적의 루트를 제공하는 모빌리티서비스다.

스마트폰 어플을 이용해 다양한 모빌리티를 연결할 뿐 아니라, 주차장이나 숙박시설 등 이동과 관련된 모든 서비스를 이용할 수 있다. 실시간으로 각 이동수단에 관한 정보를 알려주고 비용결제도 가능하다. 나아가 이용자의 선호도를 학습해 개인에게 맞춤형 이동수단을 추천해주는 기능도 한다.

이 서비스를 통해 사람들은 교통수단을 패키지로 편리하게 이용하면서, 개인용 교통수단을 소유할 필요성을 느끼지 못한다. MaaS는 기

MasS는 다양한 이동수단에 대한 정보를 통합해 사용자에게 최적의 루트를 제공하는 모빌리티 서비스다.

후위기에 대응하는 친환경 요구에도 부응한다. MaaS가 활성화되면, 개인차량의 소유와 이용은 줄어들고 탄소 배출량은 감소한다. 미국의 시장조사기관인 주피터리서치에서 2020년 7월 MaaS의 미래전망치를 발표했는데, MaaS시장 규모는 2020년 4억 달러에서 2027년 520억 달러로 크게 증가할 것으로 예측했다.

🌐 지방 도시권을 위한, 도심융합특구

2022년 수도권 인구는 2,605만 명으로 전국 인구의 50.5%를 차지했다. 1960년대부터 시작된 수도권 집중 현상은 극단적인 수준에 이르렀다. 1970년 28.7%에 머물렀던 수도권 인구 비율은 1990년 42.8%, 2010년 49.2%로 늘어났다. 과도한 인구 집중으로 위기를 느낀 정부가 지방 분산차원에서 추진했던 세종시와 혁신 도시의 입주가 진행되었던 2011년부터 몇 년간 수도권 인구 집중은 정체기를 맞이했다. 그러나 2016년 이후 수도권 인구 비율은 다시 증가하고 있다.

인구와 기업이 수도권으로 집중으로 하는 데 반해, 인구와 일자리 감소로 비수도권은 침체가 계속되고 있다. 해소할 수 있는 방법이 지역중심의 초광역적 연계 전략이다. 혁신거점을 지역에 마련하고 초광역적인 연계를 통해 지역 경제를 살리자는 전략이다. 초광역적 연계는 단위 행정구역을 넘어 지자체 간의 연계와 협력을 통해 경쟁력을 제고할 수 있다.

정부에서는 지난 2020년 도심융합특구 조성계획을 발표했다. 특구

도심융합특구는 도심에 기업, 인재가 모일 수 있도록 산업과 주거, 문화 공간을 갖춘 혁신공간이다.

출처 : 국토교통부 홈페이지

는 경제나 교육, 연구나 투자 등의 시설을 개발하거나 집적할 목적으로 특별히 설치한 구역이다. 연구개발특구, 규제자유특구, 지역특화발전특구 등이 있다.

도심융합특구는 비수도권의 발전을 위해 비수도권 도시의 도심지역을 혁신공간으로 조성하는 사업이다. 청년 인재의 유출을 막고 이들의 정착을 지원하기 위해 기존 도심 지역을 혁신공간으로 개발하는 사업도 포함된다. 수도권의 판교테크노밸리와 같이 산업·주거·문화가 어우러진 클러스터를 전국 5개 도시에 만들어 청년을 지역에 머물게 하는 것이 목표다. 청년 인재들이 선호하는 공간은 따로 있다. 기업의 입지 선호도도 과거와는 전혀 다른 양상이다. 과거에는 기업입지의 최우선 고려사항이 저렴한 지가였으나, 최근의 추세는 인재의 확보가 가능한 지역이다. 그 지역은 다양한 주체들 간 연계와 네트워크가 가능하고 우수한 인재가 밀집된 도심이 대부분이다.

도심융합특구는 우수한 생활 인프라를 갖추고 있으며, 인프라에 대한 접근성이 양호한 지역, 정주 환경이 우수한 도심에 개발된다. '일터와 삶터, 놀이터와 배움터가 복합적으로 연계된 공간이 도심이기 때문이다. 정부에서는 부산, 대전, 대구, 광주, 울산 등 지방 광역시 5곳의 도심을 특구로 지정했다. 지정된 특구에 기업과 인재가 모일 수 있도록 산업과 주거, 문화 등 복합 인프라를 갖춘 고밀·혁신공간으로 만들기 위해서다.

도심융합특구로 지정된 지역을 보면 취지를 쉽게 이해할 수 있다.

대구 도심융합특구 사업지로 지정된 장소는 경북도청 이전부지, 경북대학교, 삼성창조캠퍼스 등 3곳이다. 약 30만 평 규모인데, 모두 도심에 위치해 주거와 교육, 의료 등 생활 인프라가 우수하다. 이곳은 스타트업 창업공간과 데이터 R&D 거점으로 활용할 계획이다. 청년을 위한 기숙사, 기업연구시설도 함께 조성한다.

대전도 KTX 대전역 일원과 충남도청 이전지 일원이다. 광역교통과의 연계가 좋고 도심에 입지하며 기존 건물의 활용이 가능하다. 대전의 면적은 약 38만 평 규모인데, 지적재산권 서비스 특화 단지로 꾸밀 계획이다. 클라우드 데이터 센터, 소셜벤처 특화거리, 철도산업 클러스터 등이 조성될 계획이다.

이 밖에 부산, 광주가 대상 지역을 선정하고 특구지정을 마무리하고 있다. 울산의 경우는 2022년 12월에 KTX 역세권 등에 58만 평 규모를 도심융합특구 선도사업지구로 선정했다.

도심융합특구는 기존 제도와는 달리 성공 가능성이 높다. 시대의 변화를 정확히 파악했기 때문이다. 지역균형발전을 위해 특구지정을 지방 대도시를 한정했다. 청년들과 기업들이 선호하는 도심을 대상으로 하기도 했다. 무엇보다 최근 도시 계획의 이슈인 콤팩트-네트워크 전략과도 통한다. 도심의 주요 거점을 개발하고 타 지역과의 연계성을 강화하는 계획이기 때문이다.

이런 장점에도 불구하고 도심융합특구사업의 부작용도 우려된다. 거점지역 발전이 주변 지역의 쇠퇴로 이어질 수 있다. 이런 문제를 해소하기 위해서는 중앙 정부와 지자체의 노력이 필요하다. 도심융합특구에 대한 유치경쟁, 지자체 간의 갈등, 특구를 대표할 대표산업의 선정 등 다양한 문제요인이 존재하기 때문이다.

그럼에도 불구하고 통제하기 어렵게 진행되는 수도권 집중을 해소할 수 있는 선택지는 별로 없다. 우수한 산업과 주거·문화 인프라를 갖춘 거점을 조성해 압축 개발하고, 지역과의 연계성을 강화해 초광역적인 경제공동체를 만들어 수도권에 대응하는 것이 현재로서는 유일한 방법이기 때문이다.

도심융합특구가 성공을 거두기 위해서는 범정부차원에서의 지원이 진행되어야 한다. 도심융합특구의 목표인 산업과 주거, 문화가 융합된 혁신거점을 조성하기 위해서는 한 개 부처에서 진행해서는 성공확률이 현저히 떨어지기 때문이다. 현재 진행되는 도심융합특구에 대한 행정절차가 조속히 마무리되어 국가경쟁력 강화에 기여할 수 있게 되길 바란다.

🌐 직·주·락 플랫폼

과거 혁신이 산업단지에서 일어났다면, 현재 혁신의 산실은 도시다. 제조업이 쇠퇴하면서, 정보기술 등 미래 산업은 도시에서 성장하기 때문이다. 이를 반영해 도시의 트렌드도 바뀌고 있다. 도시를 구분하던 용도지역제가 쇠퇴하며 직장과 주거, 휴식이 함께 이뤄지는 통합된 공간이 각광받고 있다.

직·주·락(職·住·樂) 공간이다. 과거에는 상업과 주거, 여가 등 공간이 기능에 따라 엄격히 구분되었다. 산업은 산업단지라는 별도의 공간을 차지했다. 그런데 도시 외곽의 산업단지가 쇠퇴하기 시작했다. 청년들의 트렌드도 바뀌었다. 직장에서의 성공보다 라이프 스타일을 고집하는 청년들이 늘어났다. 회사에 소속되지 않고 하고 싶은 일을 하며 살겠다는 사람들도 많아졌다.

최근의 혁신 클러스터는 이런 추세를 담고 있다. 도시의 외곽이 아닌 내부에 조성되며, 업무와 주거, 여가 공간이 하나의 공간에 입지한다. 디지털 기술혁명에 따라 모든 삶이 하나의 공간으로 융합되는 형태다. 이 같은 작은 단지들이 도시 안에 여러 개가 만들어진다. 혁신은 이와 같은 공간에서 일어난다. 혁신의 원동력은 창조성과 다양성이다. 창조성과 다양성의 주체는 우수 인재다. 그래서 기업도 이들을 따라가고, 투자도 이곳을 중심으로 일어난다.

최근 도시 트렌드는 직주근접의 15분 도시다. 15분 내 도달 가능한 가까운 거리에서 일(Work)하고, 거주(Live)하며, 놀(Play) 수 있는 생활권 도시다. 혁신적인 인재들이 직장과 주거, 문화가 이뤄지는 공간에서 살면서 일하고, 놀이를 즐긴다. 우리나라 도시도 직·주·락의 생활권 도시로 바뀌고 있다. 광역교통 역세권과 같은 거점을 중심으로 도시가 재편되고 있다.

도시의 거점지역이 매력적인 공간으로 변모하게 되면, 도시의 매력적인 어메니티를 즐기고자 하는 젊은 층들이 유입된다. 이들을 고용하고자 하는 창조 기업과 스타트 기업들이 늘어나서 더 많은 고용이 창출되고 주거인구의 증가로 이어진다. 도시가 발전하기 위해서는 그 도시의 특색과 정체성이 있어야 한다.

특색 있는 지역의 중요성은 홍익대학교(이하 홍대) 주변의 발전 사례에서 찾아볼 수 있다. 미술 부문을 필두로 한 예술대학이 인기를 끌면서, 1995년부터 홍대 주변으로 예술인들이 모여들기 시작했다. 그들은 작업실을 겸한 카페를 만들었다. 주점, 공연장 등이 늘어나면서도 특유의 인디문화가 창조되었다. 이렇게 2000년대가 되면서 홍대는 청년들이 가장 좋아하는 공간으로 발전하면서 홍대문화를 탄생시켰다. 홍대문화는 창조산업에도 영향을 끼쳤다. 특히 2007년 우리나라 대중문화를 이끌어 온 3대 엔터테인먼트사중 하나인 YG엔터테인먼트가 홍대 지역에 본사를 설립하면서 홍대는 더욱 발전했다. 관련 기업들이 밀집하기 시작한 것이다. 또, 패션산업도 부흥했다. 2012년 홍대 패션을 대표하는 '스타일 난다'가 홍대에 입점하면서 패션산업에서도 홍대의 전성기를 맞이했다. 홍대는 카페문화, 클럽문화, 관광문화 지역으로 지속해서 변신을 거듭했다. 이런 변신들은 지역 상권의 활성화, 근린환경개선 등으로 이어져 지역의 발전으로 이어졌다. 이런 홍대의 문화는 경의선 숲의 조성으로 연남동, 연희동, 망원동까지 확산되었다. 경의선 숲이 도보생활권을 확장하는 기폭제가 된 것이다. 외국인들의 이주가 늘어났고 주거지역으로도 가치를 발휘하기 시작했다. 주거유입은 늘어났고, 인근 아파트의 가치는 크게 상승했다.

홍대의 사례에서 도시의 발전에 정체성이 중요하다는 것을 확인했다. 지역의 정체성에 매력을 느낀 예술가 등 창조계층이 정착하면서 지역이 더욱 특색 있게 발전했다. 특색 있는 지역은 상업시설을 집적시켰고, 이후 직장과 주거시설이 밀집되면서 직·주·락의 공간이 형성되었다.

이같은 지역의 또다른 특성은 역세권이 많다는 것이다. 역세권 주변의 골목들은 카페나 상점 등의 진입이 유리하다. 공원 등 도보로 이용하기 좋은 시설이 있으면 좋다. 쇠퇴를 겪고 있는 지방 도시에서 홍대의 사례는 도움이 될 수 있다. 지역만의 특성이 내재된 골목상권을 개성 있게 조성해 도시 발전을 이룰 수 있을 것이기 때문이다.

도심공동화와 지방 도시 직·주·락

거의 모든 도시에서 도심공동화가 발생하고 있다. 외곽에 신도시를 건설한 탓이다. 홍대의 사례를 본다면 도심공동화를 비관적으로 볼 일은 아니다.

도심의 공동화는 도심을 부활시키는 원동력이 될 수 있다. 쇠퇴를 겪고 있는 도시들 중 제조업으로 번성하던 도시들이 많다. 제조업의 쇠퇴로 폐업한 공장지대를 중심으로 공동화가 발생하기 때문이다.

최근 폐산업시설을 문화공간으로 재생해 발전한 국내외 사례는 쉽게 찾아볼 수 있다. 쇠퇴한 산업공간에 새로운 가치를 부여해 활용하는 것이다. 과거 산업시설들은 도심에 입지한 경우가 많았다. 이 지역은 교통 등 접근성은 우수하지만 지가가 저렴하다. 창조계층이 선호하는 공간이다. 예술가 등 창조계층이 유입되면 공장지대는 새로운 생활공간으로 변화한다. 지역이 창조적인 공간으로 바뀌면, 찾는 사람들이 늘게 되면서 다양한 기능이 공존하게 된다. 오피스, 상업과 문화, 서비스 기능에 더해 주거공간도 조성된다.

복합용도 건물의 수요도 증가한다. 공간의 압축성, 다용도성, 접근성 등이 강조되면서 사람들은 도보접근성이 높은 지역을 선호한다. 이런 변화는 도심의 가치를 높이게 된다.

🌐 지방 도시의 미래, 강소 도시권

세계 주요 도시들이 지역 경제 침체 위기 극복과 지방 분권 확대를 위한 글로벌 경쟁력 강화를 위해 메가시티, 메가리전 등 새로운 형태의 도시 연합체가 생기고 있다. 그런데, 디지털 전환과 관련된 새로운 도시 개념이 있다. 바로 강소 도시다. 도시 간 네트워크라는 개념은 비슷하지만, 메가시티와 강소 도시권은 차이가 있다. 메가시티는 글로벌 대도시권과의 경쟁에서 이기기 위한 전략이라면, 강소 도시는 디지털 전환 시대 대도시의 문제점을 해소하기 위한 새로운 도시 형태다. 지속 가능한 국토 균형발전을 위해 지방 중소 도시가 보유한 사회적, 경제적, 환경적 가치를 극대화하자는 취지에서 출발했다.

강소 도시의 개념

강소 도시는 인구수는 적지만 강력한 경쟁력을 가지고, 높은 수준의 삶의 질을 확보한 강하고 안정된 도시다. 작은 규모의 장점을 살려 창조적으로 발전하며 선택과 집중을 통한 산업을 육성해 대도시 못지않은 삶의 질을 보유하고 있다. 강소 도시는 직주근접, 나아가 직주일체를 강조한다. 그래서 용도지역이 불필요한 보행권 도시로 설계된다.

강소 도시권을 가능하게 하는 요인은 디지털과 네트워크다. 디지털은 지방 도시가 대도시에 뒤지지 않는 경쟁력을 확보해준다. 디지털로 인해 대도시에서 누릴 수 있는 삶의 질을 확보할 수 있다. 네트워크는 강소 도시권을 형성하게 해준다. 작은 도시가 대도시권과 동등한 삶의 질을 확보하기 위해서는 소도시 간의 네트워크가 중요하다. 필요한

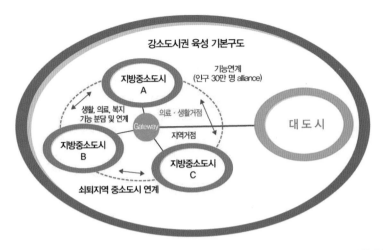

거점도시를 중심으로 도시 간 연계를 통해 인구 30만 명 수준의 강소 도시 연합 형성이 필요하다.

시설들은 네트워크를 통해 제공된다. 네트워크에는 중심 도시가 중요하다. 지역 경제와 고용 등 주요 기능은 중심지에 두고 각 도시들이 기능별로 연계된다. 강소 도시권에 특화된 지역 기반 일자리를 창출하고 네트워크를 통한 정주 환경 개선으로 거주민의 삶의 질을 올리는 작지만 강한 도시권을 만들어야 한다.

강소 도시 탄생의 배경, 디지털·모빌리티

강소 도시가 탄생할 수 있는 배경은 디지털 전환과 메타버스다. 미래형 초고속 모빌리티와 초연결 환승공간이 힘을 보탠다. 디지털 전환으로 인해 온라인학습, 온라인쇼핑, 온라인뱅킹, 원격진료뿐 아니라 어디서든 일할 수 있는 리모트 워크 체계가 완성되었다. 메타버스로 인해 시간과 공간을 초월한 가상공간에서의 생활도 가능해졌다. 세계 유명인의 공연을 온라인으로 관람할 수 있으며, 대도시에서 누릴 다양한 인프라를 메타버스를 통해 실감나게 이용할 수도 있다.

미래형 모빌리티가 속속 등장하고 있다. 도심항공 모빌리티(UAM, Urban Air Mobility), 하이퍼 루프(Hyperloop) 등 미래형 모빌리티가 그것이다. 전국이 반나절 생활권을 넘어 한 시간 생활권이 되는 것은 시간문제다. 하이퍼루프가 상용화되면 여의도에서 세종시까지 거리를 10분 이내에 주파할 수 있다.

공간 이동의 부담이 없어지고 있다. 공간혁명을 가능하게 하는 것은 환승체계다. 역세권을 중심으로 한 복합 환승센터는 철도와 버스, 지하철과 택시, 개인모빌리티, 그리고 공항터미널까지 포괄한 초연결 공간(Hyper-connected Space)으로 자리 잡고 있다. 여기에 모든 이동수단을 하나로 묶는 MaaS가 더해지면 디지털 공간혁명은 현실이 된다. 이동의 속도가 빨라지고 연계와 환승이 원활해질 뿐 아니라 이들을 연결시킬 수 있는 서비스까지 완성된 것이다. 이런 여건 변화는 지방 도시에서도 대도시의 인프라를 이용하면서 자연과 함께 여유로움을 누릴 수 있도록 해준다. 이것이 강소 도시의 탄생 배경이다.

강소 도시권의 역할

첫째, 지역에서 인구와 자원의 유출을 막는 댐의 역할이다. 지역의 중심지로서 인구와 자원이 대도시로 빠져나가지 못하도록 하는 것이 댐의 기능이다. 도시가 발전하면 인구는 감소를 멈추고 증가한다. 지역 기반 일자리를 창출하면 청년 인구의 유치가 가능하다. 지역 기반 일자리는 지역의 특색을 살린 경쟁력 있고 특화된 산업에 기반해야 한다.

특화된 산업을 기반으로 도시 내부와 외부를 연결하는 산업 생태계가 만들어진다. 산업 생태계는 풍부한 일자리를 만들고 청년들을 도시로 불러들인다. 대도시처럼 다양한 산업을 영위할 필요는 없다. 선택과 집 중을 기반으로 경쟁력 있는 특화 산업을 육성하고, 이를 통한 생태계 가 형성되면 된다. 기업과 대학, 그리고 지자체의 행정력이 융합하면 유기적인 산업과 도시 생태계가 형성될 수 있다. 이렇게 만들어진 강소 도시는 수도권으로의 인구 유출을 막는 인구의 댐이 될 것이다.

둘째, 지역의 특성을 활용하고 지역이 주도하는 균형발전이다. 국토 균형발전을 위해서는 수도권의 경쟁력 강화와 지방 도시의 발전이 동 시에 이뤄져야 한다. 글로벌 대도시권 간의 경쟁에서 뒤지지 않는 전략 이 수도권에 필요하다. 반면, 비수도권은 지역 역량을 기반으로 한 네 트워크 경제권 형성을 통한 자족 기능 확보가 급하다. 쇠퇴하는 도시 를 되살리기 위해서는 대도시와 같은 전략으로는 성공할 수 없다. 지 역의 주체들이 지역의 자원과 정체성을 발굴하고 육성해 다른 지역과 는 다른 경쟁력을 확보하는 것이 중요하다. 지자체가 지역 대학 및 주 민들과 함께 지역의 잠재력을 발굴하고, 지역 자원을 활용해 로컬브랜 드를 구축하고, 이를 지역 경제 활성화의 디딤돌로 활용할 수 있다. 지 역의 주체들이 다양한 활동을 비즈니스화 해 지역에 활기가 될 수 있 도록 하는 것이 로컬 생태계다. 생태계를 구축하고 지역을 활성화하기 위해서는 불씨가 될 거점지역이 필요하다. 거점은 지역의 관문, 철도 역, 버스터미널 등 결절점을 중심으로 하는 것이 좋다. 유동 인구가 집 중되는 철도역 등을 중심으로 광역교통 기능과 주변 도시기능을 수행 할 수 있는 지역이 거점지역으로 적합하다. 거점지역을 중심으로 인프라와 서비스를 집중하는 도시 계획을 통해 지역 생태계의 구심점이 되도록 하는 것이 필요하다.

셋째, 대도시의 문제점을 해결하는 대안 도시다. 현대 문명을 대표하는 도시는 대량생산·대량소비라는 산업사회의 바람을 타고 거대한 도시로 발전했다. 대도시는 경제 성장을 통해 인간의 삶을 풍요롭게 했으나, 동시에 많은 부작용을 낳았다. 에너지와 자원의 과소비로 생태계가 파괴되었다. 기후위기로 지구 종말의 시계를 앞당기고 있다. 부동산 가격 폭등으로 양극화를 양산했고, 동등한 기회를 원하는 젊은이들에게는 좌절의 땅이 되기도 했다. 이런 대도시의 문제점을 해결할 수 있는 도시가 바로 강소 도시다. 인구는 적지만 주민 생활서비스의 중심지 역할을 하며, 지역 경제와 고용의 중심지로서의 역할을 한다. 소도시지만 삶의 질이 높은 도시다. 과도한 용도지역이 무의미한 직주근접의 소도시다. 필요한 대부분의 시설들은 인근 도시와의 네트워크를 통해 해결한다. 선택과 집중을 통해 특정 산업을 발전시키고, 네트워크를 통해 서로 공유하며 새로운 대안 도시로서의 역할을 진행 중이다.

강소 도시의 유형

국토연구원은 강소 도시를 세 가지 유형으로 분류했다. 스마트 혁신 도시 연계형, 귀농·귀촌 지원형, 관광·휴양형이다.

스마트 혁신 도시 연계형은 혁신 도시를 중심으로 주변 중소 도시와 연계해 혁신 도시 효과를 확산시키고자 하는 강소 도시 유형이다. 혁신 도시와 지방 중소 도시와의 네트워크를 통해 도시권 간 연계성을 확보하고, 타 도시권과 연결되는 장거리 교통망에 대한 접근성을 높이기 위해 조성한 생활권 강소 도시다. 혁신 도시와 장거리 교통망, 주변 도시와 연계되는 교통의 결절점을 권역의 중심지로 삼아 상업, 의료, 쇼핑, 관광의 거점으로 육성하는 방식으로 조성된다.

귀농·귀촌 지원형은 농촌이나 산촌, 어촌의 특정 지역을 정주 거점으로 정하고, 은퇴자의 귀촌을 지원하는 유형이다. 베이비부머가 본격적으로 은퇴하는 시기를 맞아 이들의 귀촌을 지원하는 것이 목적이다. 스마트 팜이나 스마트 어업과 임업 등이 가능하도록 주변 도시와 농어촌이 연계해 일자리와 정주 여건, 의료와 상업 기능이 집약된 중심지로 육성하는 방식으로 조성된다. 생활권 기능이 집중되어 있는 거점 지역을 도시 재생과 연계해 그린 인프라를 구축함으로써 지속 가능한 삶을 위한 정주 공간을 조성할 수 있다.

관광·휴양형 강소 도시권은 미활용 시설을 이용하거나 경치 좋은 곳을 재생해 정주 생활 환경을 조성하는 강소 도시 유형이다. 철강·조선 등 산업이 쇠퇴한 지역이나 올림픽 등 대형 행사 후 남은 시설, 경치 좋은 무인도 등을 관광·휴양형으로 재생할 수 있다. 유휴 부지를 관광 자원으로 활용하거나 휴양시설, 문화시설 등으로 재활용하는 등 부가가치를 높여 정주 환경을 강화하는 강소 도시 유형이다.

MZ 세대의 성향을 반영한 강소 도시

MZ 세대가 경제의 핵심 주체로 부상하면서 소비 패턴이 양극화되고 있다. 이들은 가성비를 중요시하지만, 가치가 있다고 판단하면 과시에 가까운 소비에 나선다. 소유보다는 경험에 가치를 두기 때문에 구독경제와 렌탈 시장의 성장을 주도하고 있다. 이러한 소비 패턴은 도시 공간의 패러다임을 바꾸는 요인이다.

구독경제, 공유경제와 플랫폼 기업이 성장하면서 소형 물류가 도심의 주요 시설로 자리 잡았고, 도시 공간도 단핵에서 다핵 구조로 바뀌는 중이다. 기업들의 근무 형태는 대면과 비대면이 혼용되고, 거점오피스 활성화로 인간의 삶이 생활권 중심으로 변화하고 있다. 워케이션 센터들이 생겨나고, 일부 지방에서는 이를 비즈니스화할 움직임도 있다. 디지털과 네트워크로 지역의 혁신 성장이 얼마든지 가능한 시기가 도래한 것이다.

이런 시기에 필요한 것이 바로 강소 도시다. 국토의 세포인 중소 도시들을 특색 있게 발전시키고 연계하는 전략이기 때문이다. 강소 도시를 통해 지역의 발전을 꾀하고자 하는 정책가들은 이러한 트렌드를 눈여겨봐야 한다. 지역의 거점공간을 일반적인 서비스 공간으로 채울 것이 아니라 차별적인 경험과 서비스를 강화하는 공간을 조성해야 한다. 청년 창업이 가능한 미래 산업공간, 지역 자원을 활용한 상징적인 관광공간 조성 등 생활권에 기반한 매력적인 공간을 조성해야 한다. 거점공간이 조성되면, 거점지역의 성장효과가 연계된 주변 소도시까지 생활권이 확산되도록 해야 한다.

지방 정부가 지역 맞춤형으로 특화 산업 육성 계획을 수립하고, 연관 지역과의 기능적 연계를 통해 전국 곳곳에 경제·산업의 거점이 되는 강력한 강소 도시권이 많이 탄생하기를 바란다. 그리하여 모든 국민이 전국 어디서나 균등한 기회를 누릴 수 있는 시대가 오기를 기대해본다.

최근 지속적인 인구 감소와 고령화 등으로 지방 도시의 축소현상은 심화되었다. 여기에 대도시로의 인구 유출은 지방 도시의 중심지 기능을 크게 약화시켰다. 중심지 기능 약화는 제반 생활서비스 시설의 미비로 인구가 유출되는 악순환이 전개되고 있다. 지방 도시에서 더 이상의 인구 유출을 막고, 자족 기능을 갖춘 강소 도시권으로 개발하기 위해서는 정주와 의료, 문화와 생활이 복합된 도시의 중심지 기능회복이 중요하다. 노후화된 공공임대주택단지나 공공시설, 유휴시설을 단지화해 의료·복지·상업 등이 복합화된 거점지역으로 재생해야 한다. 지자체 간 자율적인 연계와 협력을 통해 네트워크형 지방 행정 체제의 구축이 필요하다.

　　강소 도시권은 국토 전체의 지속 가능성을 위해 더 이상 늦출 수 없는 정책이다. 국토의 세포인 소도시들이 소멸되면 국토의 지속 가능성은 크게 손상되며, 국가경쟁력도 저하될 것이기 때문이다.

　　동일한 경제권과 생활권을 이루는 10만 명 이하의 도시들이 연합해 30만 명 규모의 강소 도시권을 형성하도록 해야 한다. 인구 30만 명은 종합병원과 백화점, 복지시설 등 고차원적인 생활서비스를 받을 수 있는 최소 인구 기준이다.

　　강소 도시가 성공하기 위해서는 거점지역의 성장효과가 연계된 주변 소도시까지 확산되어야 한다. 지자체가 지역 맞춤형으로 특화 산업 육성 계획을 수립하고, 연관 지역과의 기능적 연계를 통해 우리나라 많은 도시들이 강소 도시권으로 거듭날 수 있게 되기를 희망한다.

COMPACT
NETWORK

7

도시를 해부하다,
경기도 안성시

변곡점에 선 도시,
안성

나는 안성시에 마음의 빚이 있다. 소속된 회사가 안성시에 속해 있는 11만 평 규모의 산업단지에 2011년 입주했는데, 당시 첨단 기술로 높은 성장성이 기대되는 LED용 사파이어 기판과 태양전지용 실리콘 기판을 생산하는 공장을 신축하기 위해서였다.

당시 우리 회사는 충남 서산시에도 대규모 산업단지를 조성해 유기실리콘 공장을 가동 중이었고, 반도체 웨이퍼와 태양전지의 핵심 소재인 폴리실리콘 공장을 건설하고 있었다. 태양광의 미래가 밝다는 전망이 봇물을 이루던 시기였으므로 회사는 폴리실리콘 공장 준공에 커다란 기대를 걸고 있었다. 서산시에 유기실리콘과 폴리실리콘 공장을 준공하고, 안성시에 사파이어와 실리콘 기판 생산공장을 완성하면, 세계 시장에서 첨단 소재 기업으로서의 경쟁력을 확보할 수 있다는 판단이었다.

그런데, 시장 상황은 기대한 대로 흘러가지 않았다. 안성공장의 건물이 완공될 무렵 태양광 산업의 주요 소비처인 유럽에서 최악의 시장 상황을 알려왔기 때문이다. 한때 kg당 100달러까지 거래되었던 폴리실리콘의 가격은 중국의 물량 공세로 하락을 지속해 10달러 미만으로 거래되었다. 제조원가가 20달러 수준이었으니 공장을 가동하면 할수록 적자가 심화되는 상황이었다. 앞다투어 태양광 사업에 투자하던 기업들은 생존의 위기에서 도산하거나 손실을 감수하고 공장을 가동할 수밖에 없었다.

우리 회사 역시 도저히 사업을 지속할 수 없는 상황이 되었다. 그래서 설비의 일부를 수입해 설치하려던 사파이어 제조공장을 타 용도로 전환하는 어려운 결정을 할 수밖에 없었다. 이런 일련의 과정에서 우리 회사는 안성시와 안성 시민에게 커다란 실망을 안겨주었다. 서산과 안성 지역에 산업단지를 조성하고 공장 증설 과정에 관여했던 나 역시 안성시에 마음의 부채를 가지게 되었다. 나는 기회가 된다면 안성시를 위해 기여하고 싶다고 생각했다. 그런 마음이 통했는지 나는 지난 2021년 안성공장장으로 부임했다. 그리고 2년이라는 시간이 흘렀다. 나름 안성시를 위해 어떤 기여를 해야 할지 고민했던 시간이었다. 이제는 지역 주민들과 어울리며 지역 발전에 대해 이야기할 수 있는 단계에 이르렀고, 안성시장의 공약 이행 평가단의 일원으로 안성시정을 들여다보는 기회를 가질 수 있었다.

안성시는 인구와 경제 지표가 모두 성장하는 성장권 도시다. 국토연구원에서 발표한 〈축소 도시 분류 및 유출 인구 직종 특성 분석

안성시를 대표하는 남사당 공연. 여자 재주꾼 바우덕이로 인해 더욱 유명해졌으며, 매년 가을 남사당 바우덕이 축제가 열린다.

(2020.12)〉을 보면, 인구와 경제지표를 기준으로 분류한 도시의 유형은, 축소 도시 84개, 성장 도시 22개, 경제지표 축소 도시 17개, 인구지표 축소 도시 10개다.

안성시는 평택시, 이천시 등과 함께 인구지표와 경제지표가 모두 성장하는 성장권 도시 22개에 포함되어 있다. 그러나 최근의 인구 추이를 보면 뚜렷한 성장세를 보이는 인근 도시에 비해 안성시는 인구 증가율에서 다소 뒤처진다. 안성시와 접해 있는 평택시는 2018년 48만 명에서 2022년 57만 명으로 9만 명 증가했고, 용인시는 2018년 100만 명에서 2022년 108만 명으로 8만 명이 증가했는데, 안성시는 2018년 18.4만 명에서 2022년 19만 명으로 소폭 증가했다. 인구통계를 기준으로 한 인구구조를 보면, 안성시민 평균 연령은 44.2세로 용인시의 40.9세와 평택시 40.7세에 비해 많았고, 60대 이상 비율도 26.4%로 용인시의 19.6%, 평택시의 19%보다 높았다.

그러나 수도권 광역화가 진행되는 가운데, 광역교통 여건 개선, 반도체 산업의 국가적 지원, 대규모 산업단지 입주 물량 확보 등 최근 안성시를 둘러싼 긍정적인 여건 변화가 진행 중이다. 이러한 분위기를 고려해 안성시에 대한 정확한 진단과 미래 방향성을 정하는 것이 필요한 시점이다.

🌐 발전을 위한 목표 설정

안성시가 지속 가능한 혁신 도시로 성장하기 위해서는 다른 도시에는 없는 안성시만의 독특한 발전 방향을 찾아야 한다. 다른 일반적인 도시와 똑같은 전략으로 도시 계획과 산업 정책을 추진한다면 레드오션에서 헤어나지 못할 것이다. 다른 도시가 갖지 못한 독창적인 산업 분야, 새로운 정책을 가지고 블루오션을 창출해야 혁신 성장을 이룰 수 있다. 이를 위해서는 안성시의 현재 모습에 대한 객관적인 성찰이 필요하다. 현재의 모습을 진단하기 위한 방법은 다양하다.

첫째, 시민들을 대상으로 한 설문조사다. 시민들의 의견을 기반으로 행정의 방향을 설정하는 것이다. 설문조사의 내용은 도시의 이미지, 거주환경, 각종 도시 문제, 시급히 개선해야 할 분야, 각 분야별 개선사항, 경쟁력 제고 방안 등을 선정할 수 있다.

둘째, 공무원을 대상으로 한 면담이다. 실제 업무를 수행하는 공무원들은 현재의 문제점을 누구보다 잘 알 것이다. 이들과의 면담을 통해 개선이 시급한 현황과 문제점을 도출할 수 있고 해결책도 함께 얻을 수 있다.

셋째, 키워드(Keyword) 분석이다. 이 방식은 기업이나 단체, 지자체 등의 현상 파악을 위해 많이 사용된다. 최근 3~5년간의 신문이나 언론매체, 민원 사이트 등에서 안성시 관련 뉴스 기사를 발췌해 안성시의 주요 이슈를 키워드로 분석하는 방법이다.

넷째, 외부 전문가 자문이다. 전문가와 정책실무자를 대상으로 정책 델파이(Policy Delphi)를 실시하거나, 초점집단인터뷰(FGI, Focus Group Interview)를 시행하는 것도 하나의 방법이다. 이때, 안성시의 현황과 시민 설문, 공무원 면담, 언론기사 분석 자료 등을 토대로 하는 것이 좋을 것이다.

마지막으로 분석기법을 활용하는 것이다. 가장 흔히 사용되는 분석기법은 스왓(SWOT) 분석이다. 목적물을 객관적으로 바라볼 수 있기 때문이다. SWOT 분석을 통해 안성시의 강점과 약점, 환경적인 기회와 위기를 열거한 후 효과적인 발전 방향을 수립할 수 있다. 이를 기반으로 안성시의 비전과 목표, 추진전략을 수립할 수도 있다.

앞의 방법 중 이 책에서는 SWOT 분석을 통해 안성시를 진단하고자 한다. 이 분석을 토대로 SWOT MIX도 진행할 것이다. SWOT MIX는 강점과 약점이라는 두 개의 내부 요인과 기회와 위기라는 두 개의 외부 요인을 혼합한 네 가지 전략이다. 또, 안성시의 새로운 가치를 창출하는 전략 도출을 위해 ERRC 분석을 진행하고, 이를 통해 혁신 성장을 위한 핵심 성공 요인(CSF)을 도출해보고자 한다.

안성의 강점과 약점, 기회와 위기

SWOT 분석은 강점(Strength), 약점(Weakness), 기회(Opportunity), 위기(Threat)의 앞 글자를 따서 만든 분석 방법이다. 안성시가 보유한 강점과 약점, 환경적 기회와 위기를 열거해 효과적인 미래 전략을 수립하기 위한 방법이다. 강점과 약점은 내부적 요인이고, 기회와 위기는 외부적 요인이다. 내부적 요인과 외부적 요인을 구분하는 기준은 통제할 수 있는지에 달려 있다. 통제가 가능한 장단점은 내부적 요인이며, 통제 불가능한 기회와 위기는 외부적 요인으로 분류된다.

분석은 매우 간단하다. 정해진 양식에 강점과 약점, 기회와 위기 요인을 채워 넣으면 된다. 매우 단순한 방법이지만, 제대로 된 분석을 위해서는 많은 시간과 노력이 필요하다. 내용이 정확하지 않으면 자료의 신뢰성은 크게 떨어진다. 이번 SWOT 분석은 지난 2년간 안성시 관내에서 근무한 경험을 토대로 작성했다. 이 분석은 대상을 보는 관점에 따라 강점도 약점이 될 수 있다. 또, 위기라고 생각했던 것이 큰 기회가 되는 경우도 있다. 이런 관점에서 나름 객관적인 분석을 하고자 했으나 주관적일 수 있음에 이해를 구한다.

● 안성시 SWOT 요소 도출

강점(Strength)	약점(Weakness)
• 우수한 입지 여건(서울시, 세종시 중간) • 고속도로 등 우수한 대도시 접근성 • 풍부한 개발 가용지 보유 • 인근 도시에 비해 저렴한 지가 • 기술력 있는 대학 보유 • 산과 호수 등 천혜의 자연환경 • 역사·문화·예술 등 우수한 관광자원	• 동서 지역 간 극심한 격차 • 소규모 제조업 위주의 산업 구조 • 양질의 일자리 부족 • 열악한 대중교통(지하철, 철도 등) • 핵심 거점 미약, 거점 간 연계성 부족 • 관광자원 활용 및 연계성 미흡 • 부족한 생활·문화 인프라 • 수도권 규제 과다(상수원 보호구역)
기회(Opportunity)	위기(Threat)
• 수도권 광역화 지속 • K-반도체 벨트 중심지에 입지 • 주변 도시 투자로 개발 수요 증가 • 제2경부고속로 등 광역교통 개선 • 국가철도망 계획에 안성시 반영 • 기반시설 입체화 움직임 • 대규모 산업단지 물량 확보 • 베이비부머 퇴직 및 반려동물 인구 증가 • 6차산업(스마트팜 등)의 부상	• 지속 가능한 미래 산업 미보유 • 높아지는 접경 도시 의존성 • 접경 도시 개발에 따른 인구 유출 우려 • 시와 의회 간 극한 대립 • 고령 인구 증가와 청년 인구 이탈 • 동부 지역 개발 소외 및 무력감 • 구도심의 기능 쇠퇴 • 철도 인입 시 보행 단절 및 환경 악화

강점(Strength)

안성시 최대의 강점은 지정학적인 입지 여건이다. 경제 도시인 서울시와 행정 도시인 세종시의 중간에 위치해 지정학적으로 발전을 위한 매우 유리한 입지 여건을 보유하고 있다. 또한, 경부, 중부, 평택·제천 등 3개의 고속도로가 안성시를 지나고, 서울과 세종을 잇는 서울·세종 고속도로도 개통을 앞두고 있다. 고속도로를 통한 대도시 접근성은 안성시의 커다란 장점이다.

또한, 풍부한 개발 가용 토지를 보유 중이다. 산악 지형이 많은 동부 지역을 제외한 대부분이 평지로 구성되어 있다. 특히, 서부권역인 공도 지역에서 안성 도심 간에는 많은 개발 가용지가 있다. 이 때문에 인근 수도권 도시에 비해 지가가 낮아 저렴하게 부지 매입이 가능하다는 것도 안성시의 장점이다.

우수한 관광자원도 안성시의 장점이다. 특히, 아름다운 호수가 많다. 산과 호수가 어우러진 수려한 자연환경은 커다란 자산이다. 뿐만 아니라 남사당, 바우덕이와 같은 역사·문화, 공연·예술 등 우수한 관광자원이 큰 장점이다.

안성시는 기술이 우수한 대학들을 다수 보유하고 있다. 한경대, 중앙대, 두원공대, 한국폴리텍대 등에서 매년 기술 인력을 배출한다. 지속 가능한 미래 산업을 추진할 동력이 충분한 도시다.

약점(Weakness)

물론, 강점과 함께 약점도 있다. 동서 지역 간 경제 격차는 안성시의 약점이다. 공도를 중심으로 한 서부권은 발전하고 있는 반면, 죽산 등 동부권은 침체하는 양상이다.

취약한 산업 구조도 약점 중 하나다. 경제를 주도할 만한 미래 산업이나 앵커기업을 보유하지 못한 채, 소규모 제조업 위주의 산업 구조를 갖고 있다. 이것은 양질의 일자리 부족을 낳았고, 육성된 우수한 청년 인재들이 안성을 떠나는 요인이 되고 있다.

발전을 위한 뚜렷한 핵심 거점이 없다는 약점이 있다. 최근의 도시 계획 추세는 콤팩트-네트워크 도시다. 광역교통 역세권을 거점으로 고밀·복합개발을 추진하고, 이를 기반으로 각 거점을 원활하게 연계하는 전략이다. 안성시는 철도를 인입하지 못했고, 고속도로가 도시의 외곽을 지나고 있다. 터미널 역시 도심 외곽에 있어 교통의 결절점으로서의 역할을 하기 어렵다. 이로 인해 안성시의 도심은 쇠퇴하고, 그 외 거점지역은 고속도로에 인접한 타 도시에 의존한다. 각 거점 간 연계성을 확보하지 못하는 이유다.

지하철, 철도 등 대중교통의 부족도 약점 중 하나다. 수도권 다른 도시와는 달리 안성시에는 철도와 지하철이 연결되지 않아 통학과 통근에 어려움이 있다. 대중교통의 부족은 청년 인재가 도시를 떠나게 하는 요인이다.

안성시는 많은 역사, 문화, 관광자원과 호수 등 훌륭한 자연 자원을 보유하고 있으나 각 자원 간의 연계를 통한 시너지 효과를 창출하지 못하고 있다. 필요 지역에 대한 공원 인프라의 부족도 약점 중 하나다.

기회(Opportunity)

최근 안성시를 둘러싼 환경과 여건이 개선되고 있는 현상은 커다란 기회 요인이다. 가장 큰 기회 요인은 지속 가능한 미래 산업 육성을 위한 여건 변화다. 안성시가 K-반도체 벨트 중심지에 위치한 가운데, 최근 반도체 산업에 대한 육성이 국가적 과제로 부각되는 분위기는 기회 요인이다. 특히, 안성시가 2023년 7월 반도체 분야의 '소재·부품·장비 산업 특화단지'를 유치한 것은 커다란 기회 요인이다.

용인과 평택 등 인근 도시에서 반도체 산업 육성을 위한 대규모 클러스터가 조성되고 있다. 이는 연접한 안성시의 개발 수요를 증가시키는 요인이다. 여기에 대규모 산업단지 물량이 확보되어 혁신 클러스터가 추진되고 있는 것도 안성시 산업 발전과 고용 증가로 이어질 수 있는 기회 요인이다.

또 다른 기회 요인은 광역교통 접근성이 크게 개선된다는 점이다. 서울·세종 간의 도로가 개통되면 안성시를 관통하며 4개의 고속도로 IC가 생긴다. 이렇게 광역교통 접근성이 대폭 개선된다는 점도 안성시의 자족경제 기반을 확립할 수 있는 기회가 될 것이다.

그 밖에도 삶의 여유를 찾고자 하는 베이비부머(Baby boomer)가 본격적으로 퇴직하면서 많은 인원이 수도권의 휴양을 위한 도시를 찾고 있는 점, 반려동물 인구가 급증하고 있는 점도 수도권 산업·휴양 도시인 안성시에 큰 기회 요인이다.

위기(Threat)

위기 요인도 있다. 안성시 외곽의 주요 거점지역이 발전하는 연접 도시 의존성이 갈수록 높아지고 있다. 이것은 도시의 경제적 독립성을 약화시키는 커다란 위기 요인이다. 주변 도시의 대규모 개발에 따른 인구 유출도 우려되는 위기 요인 중 하나다.

아울러 정치적 성향이 다른 시와 의회 간 대립이 지속되고 있는 것은 안성시 발전에 커다란 걸림돌이다. 이런 갈등은 주요 현안 및 이슈

사항에 대한 개선 기회를 상실하게 해 더 큰 위기를 초래할 수 있다.

자연환경 및 상수도 보호를 이유로 침체된 동부 지역이 개발 축에서 제외되고 있는 상황도 위기 중 하나다. 지역 주민들이 그에 대한 패배감과 무력감으로 의욕을 잃게 되기 때문이다.

철도 노선이 안성시에 인입된다는 뉴스가 있는 가운데, 이들 노선이 지상을 관통할 것으로 계획되어 있다. 철도 노선이 지상을 관통하게 되면 철도시설로 인한 보행 등 생활권의 단절, 도심 내 슬럼화 등 거주 환경이 악화될 수 있다는 문제도 발생할 수 있다.

이 밖에 고령 인구의 증가와 청년 인구의 이탈, 구도심의 기능 쇠퇴 역시 안성시의 위기 요소라고 할 수 있다.

SWOT MIX와
ERRC

🌐 SWOT MIX 전략

앞서 안성시의 강점 및 약점, 안성시를 둘러싼 기회와 위기 요인을 정리했다. 그 내용을 기반으로 SWOT MIX 전략을 세울 수 있다. 강점과 약점이라는 두 개의 내부 요인과 기회와 위기라는 두 개의 외부 요인을 혼합하면 네 가지 전략 수립이 가능하다. 네 가지 전략은 SO(강점을 살려 기회를 잡음), ST(강점을 살려 위기를 극복함), WO(약점을 보완해 기회를 잡음), SW(약점을 보완해 위기를 극복함)다.

SO 전략

SO(Strength, Opportunity) 전략은 강점을 살려 기회를 잡거나 기회를 활용해 강점을 극대화하는 전략을 말한다. 서울시와 세종시의 중간이

SO 전략	ST 전략
•양호한 입지 여건 활용, 혁신 성장 계획 수립 •K-반도체 라인 편입 활용, 혁신 클러스터 조성·앵커기업 유치 •기술력 있는 관내 대학 활용, 산·학·연·정 거버넌스 구축 •역사·문화·관광·자연 자원을 활용, 은퇴자, 청년 등 인구 유입 유도	•우수한 교통망 활용, 거점개발, 거점 간 네트워크로 자족 기능 강화 •우수한 자연환경 활용, 침체된 동부 지역 발전 •상생 네트워크로 정치적 대립 해소 •우수 대학 활용, 일자리 창출 및 지역 경제 발전
WO 전략	WT 전략
•생태 네트워크 조성으로 휴양도시 입지 강화 •주요 결절점 핵심 개발과 거점 간 연계로 자족 도시기능 강화 •혁신 클러스터 조성, 앵커기업 유치로 양질의 일자리 조성 •수도권의 농산물 수요 활용, 스마트팜 사업의 적극 육성	•도심 중심지 기능 확보로 접경 도시 의존성 해소 •철도 계획 시 도심 구간 지하화로 환경 악화·보행 단절 해소 •고속도로 IC 연계한 관광단지 조성으로 동부권 침체 해소 •앵커기업 유치로 소규모 산업 구조 개편

라는 유리한 입지 여건과 광역교통망, 풍부하고 저렴한 개발 가용 토지를 보유한 장점을 활용해 도시 혁신 성장 계획을 수립할 수 있다.

K-반도체 라인에 속해 있다는 점과, 최근 반도체 산업에 대한 정부의 지원 강화 움직임을 기회로 삼아야 한다. 이를 위해서는 관련 산업의 가치사슬을 확인해, 안성시가 가진 핵심 역량에 적합한 업종을 선정해야 한다. 선정된 업종에 적합한 앵커기업을 유치하고, 관련 산업의 생태계 조성을 위해 혁신 클러스터를 조성할 필요가 있다.

기술력이 우수한 관내 대학의 커리큘럼에 선정 업종에 대한 과목을 반영하고, 해당 기업 기술자들에게 강의를 맡겨 기업이 필요로 하는 인재를 육성한다. 이들 인재들은 졸업 후 해당 기업에 인턴으로 취업시킨다. 이렇게 대학과 기업, 지자체 등과 산·학·연·정 거버넌스를 구축할 수 있다.

수려한 자연환경과 천년 사찰, 천주교 성지 등 역사, 문화, 예술 등 관광자원을 활용하고, 고속도로 IC 근처에 베이비부머를 위한 은퇴자 마을, 시내 공원을 활용한 반려동물 테마파크 등을 조성해 경제력 있는 인구 유입을 추진한다.

ST 전략

ST(Strength, Threat) 전략은 강점을 살려 위기를 극복하거나 위협을 피해 강점을 부각하는 전략이다. 우수한 교통망을 활용해 교통의 결절점인 안성시 도심을 고밀·복합개발 해 중심 거점으로 육성한다. 또 중심 거점과 거점 간 네트워크를 형성함으로써, 거점 간 연계 전략을 통해 쇠퇴하는 도심을 재생하고, 연접 도시 의존에서 탈피해 도시의 자족 기능을 강화할 수 있다.

광역교통시설을 활용해 우수한 자연환경을 가진 동부 지역의 경제를 활성화한다. 고속도로 IC 인근에 호수 관광지, 휴양소, 베이비부머를 위한 은퇴자 마을, 반려동물 단지 등을 조성한다. 이를 통해 거주 및 관광 인구를 유입해 도시 경제를 활성화한다.

시 행정이 정치적 이해관계에 좌우되지 않도록 시민들에 대한 홍보를 강화한다. 우수한 입지, 저렴한 지가, 관광 및 자연 자원, 기술력 등 혁신 성장의 변곡점에 있는 안성이 상생협력을 이루도록 시민들을 설득하고 의회와의 관계 개선을 추진할 필요가 있다.

기술이 우수한 대학을 통해 안성시의 역량을 발휘할 수 있는 특화 산업을 선정·발전시킨다. 이를 통해 양질의 일자리를 만들고 정주 환경을 개선해 더 많은 혁신 인구가 유입되도록 해야 한다.

WO 전략

WO(Weakness, Opportunity) 전략은 약점을 보완해 기회를 잡는 전략이다. 생태 네트워크를 연결하면 안성시가 보유한 천혜의 자연 자원을 적극 활용할 수 있다. 호수와 하천, 녹지와 공원을 생태 네트워크로 연결하면, 시민들이 거주지에 구애받지 않고 어디서나 접근해 여가를 즐길 수 있기 때문이다. 개통될 고속도로 IC를 통해 관광객을 유치함으로써 도시 경제는 활성화된다.

핵심 거점이 미약하고, 거점 간 연계성이 부족한 단점을 극복하기 위해서는 중심지 기능을 확보해야 한다. 고속도로 개통 및 철도시설 증설이라는 기회 요인을 활용해 신설되는 역세권에 복합환승센터를 조성하고, 이를 중심지로 삼아 광역 및 내부 교통 체계를 재설계해 도시 내 연계성을 확보하는 것이다.

취약한 산업 구조 및 양질의 일자리 부족을 극복하기 위한 방안의 수립도 필요하다. 반도체 산업에 대한 국가 육성 분위기 및 K-반도체 라인의 중간에 위치한 이점을 적극 활용해 안성시에 적합한 업종을 선정하고, 혁신 클러스터를 조성하며, 해당 업종의 앵커기업을 유치한다면, 일자리가 풍부한 도시를 만들 수 있다.

수도권에서 농업을 위주로 한다는 단점은 스마트팜의 육성으로 해결해야 한다. 수도권 도시의 친환경 농산물을 원하는 수요를 활용한다면 6차산업인 미래 농업 중심 산업 도시로 변화할 수 있을 것이다.

WT 전략

WT(Weakness, Threat) 전략은 약점을 보완해 위기를 돌파하는 전략이다. 핵심 거점 및 거점 간 연계성이 미흡한 약점을 보완함으로써, 접경 도시에 의존성이 높아진다거나 구도심 기능의 쇠퇴가 가속화하는 위기 상황을 돌파할 수 있다. 중심지 기능을 확보하기 위해서는 교통 체계를 도심 위주로 정비하고, 행정 및 복지 등 각종 시설을 도심에 밀집시켜 중심 거점으로 육성해야 한다. 중심 거점을 기준으로 각 거점 간 연계성을 확보한다면, 안성시가 자족 도시로 성장할 수 있는 체계가 완성될 수 있다.

미래 철도의 연결은 안성시의 큰 성장을 이끌 것이다. 철도 인입 시 도심 구간의 지하화는 필수적이다. 최근 철도시설로 인한 환경 악화 및 보행, 교통 체계 단절이 사회적인 문제가 되고 있기 때문이다. 또, 철도역을 중심으로 입체적인 환승 체계를 구축해 중심 거점으로 삼아야 한다. 중심 거점에서 지역 거점 간 네트워크화는 안성시를 자족 도시로 만드는 지름길이다.

관광자원 활용 및 연계성이 미흡하다는 약점은 생태관광 네트워크 조성으로 해결할 수 있다. 동부권 지역 침체는 신설되는 서울·세종 고속도로 IC와 연계해 관광자원으로 특화 개발해 지역 발전의 원동력으로 삼아야 한다.

소규모 제조업 위주의 산업 구조로 양질의 일자리가 부족한 단점을 해결하기 위해서는 관내 대학과 연계해 산업을 육성해야 한다. 안성시의 역량에 맞는 미래 산업을 선정하고, 혁신 클러스터를 조성해 양질의 일자리를 확보함으로써 젊은 층의 인구 유출을 방지해야 한다.

⊕ ERRC 분석

ERRC 분석은 안성시의 새로운 가치 창출을 위한 전략 수립 방법 중 하나다. ERRC 분석은 제거(Eliminate), 증가(Raise), 감소(Reduce), 창조(Create)의 약자다. 제거와 감소는 필요 없는 부분은 제거하거나 감소시키는 것이고, 증가와 창조는 필요한 부분의 가치를 향상하거나, 새로운 가치를 창조시키는 블루오션 전략이다.

ERRC 전략

제거(Eliminate)	감소(Reduce)
• 시와 시 의회 간 대립 • 구도심의 기능 쇠퇴 • 인구 유출 • 연결과 네트워크를 제약하는 요소	• 접경 도시에 대한 과도한 의존성 • 소규모 제조업 위주의 산업 구조 • 동서 지역 간 경제적 불균형 • 열악한 대중교통 연계성
증가(Raise)	창조(Create)
• 천혜의 자연환경을 이용한 생태공원 • 특화 산업 유치로 자족 기능 강화 • 고속도로 IC 인근 은퇴자 마을 건설 • 6차산업, 스마트팜 등 미래 농업 활성화	• 생태 네트워크 조성 • 복합환승센터 중심의 교통 네트워크 • 산·학·연·정 네트워크 확립 • 베이비부머 시설 등 인구 유입 방안

제거(Eliminate)

안성시의 지속 가능한 발전을 위해 제거해야 하거나 제거해도 상관없는 요소다. 미래는 물론, 현재 시점에서도 불필요한 요소다. 예를 들면, 시와 시의회 간 대립, 구도심의 기능 쇠퇴, 인구 유출, 연결과 네트워크를 제약하는 요소 등이다. 이것들은 그대로 방치한다면 도시의 성장을 저해하고 위험하게 하는 것들로 즉시 제거할 필요가 있다.

감소(Reduce)

제거하기는 힘들지만 안성시의 발전을 위해 크기나 횟수를 줄일 필요가 있는 요소다. 제거하기 힘들다는 것은 현재는 필요하고 가치 있을 수 있지만, 미래 성장 가능성이 낮은 요소다. 이런 요소는 수익은 유지하되 추가 투자는 줄일 필요가 있다. 예를 들면, 접경 도시에 대한 과도한 의존성, 소규모 제조업 위주의 산업 구조, 동서 지역 간 경제적 불균형, 열악한 대중교통 연계성 등이다.

증가(Raise)

안성시의 지속적인 성장을 위해 더 자주 또는 많이 육성해야 할 요소다. 도시를 가치 있게 하거나 다른 도시와 차별화되도록 만든다. 이로 인해 시민의 자긍심을 올리고, 다른 도시의 부러움을 살 수 있다. 예를 들면, 천혜의 자연환경을 이용해 생태공원을 조성하거나, 특화 산업을 유치해 도시의 자족 기능을 강화하거나, 고속도로 IC 근처에 은퇴자 마을을 건설하는 것들이다. 또, 도농복합시라는 점을 이용해 스마트팜 등 미래 농업을 활성화한다.

창조(Create)

지속 가능한 혁신 도시로서의 목표 달성을 위해 새롭게 시작해야 할 요소다. 안성시에 새로운 가치를 창출해줄 수 있으므로 새롭게 시작하거나 공략할 필요가 있는 사항이다. 예를 들면, 호수와 하천, 녹지와 공원을 연결하는 생태 네트워크를 만들거나, 철도시설의 유입을 계기로 복합환승센터를 만들어 주요 거점 간 교통 네트워크를 만드는 것이다. 또한, 산·학·연·정 네트워크 확립으로 산업 구조를 획기적으로 바꾸어 안성시만의 특화 산업을 발굴하고, 혁신 클러스터를 조성하며, 앵커기업을 유치하는 것도 포함된다. 또, 자연환경을 활용해 베이비부머를 위한 시설을 만들거나 기존 시설을 활용해 반려동물 인구를 유입하는 것도 필요하다.

혁신 성장을 위한
7가지 제안

🌐 콤팩트-네트워크 도시 구조

안성시는 핵심 생활권의 중심지 기능이 약하고, 중심지를 제외한 주요 생활권은 접경 도시에 경제적으로 의존하는 형태다. 다른 도시들과 마찬가지로 쇠퇴 현상을 겪고 있는 안성시 구도심은 중심지 기능을 확보하지 못하고 있다.

공도읍을 중심으로 한 서부 생활권은 평택시에 대한 의존성이 높고, 안성 도심과 거리가 먼 일죽과 죽산, 삼죽 등 동부 생활권은 이천시 장호원읍이나 용인시 백암면에 가깝다. 특히, 평택 생활권인 서부 지역은 삼성전자 평택 반도체 클러스터 조성으로 인한 반사 이익으로 발전하고 있지만, 이로 인해 평택시에 대한 의존성이 더욱 높아지고 있다. 이렇게 안성시 내 각 생활권 간의 연계성은 미흡하다. 특히 서부와 동부 생활권 간에는 38번 국도가 유일할 정도로 연계성과 교류가 부족하다.

안성시는 생활권에 기반해 도시를 재구성할 필요가 있다. 먼저, 각 생활권이 주변 도시로부터의 의존에서 벗어나야 한다. 이를 위해 각 생활권의 역할과 기능을 다시 정의할 필요가 있다. 산업 기능, 관광 기능, 주거 기능 등 각 생활권이 주어진 역할과 기능을 수행할 수 있도록 거점지역을 선정해야 한다. 다음은 압축개발된 각 생활권 거점지역 간 연결과 연계인데, 이를 통해 도시의 자족 기능을 높일 수 있다.

도시의 자족 기능 강화를 위해서는 해당 도시에 특화된 산업이 필요하다. 산·학·연·정 거버넌스를 통해 안성시의 핵심 역량이 반영된 특화 산업 선정이 우선이다. 특화 산업이 선정되면 거점지역에 이를 위한 혁신 클러스터의 조성이 뒤따라야 한다. 클러스터는 최신 경향을 반영하는 것이 좋다. 최근의 경향은 직주근접을 위해 든든한 배후 도시를 건설하는 것이다. 배후 도시는 주거·업무·여가 시설이 모두 연계되어야 한다.

거점지역에 대한 고밀복합개발은 철도와 광역교통 결절점 위주로 진행되어야 한다. 철도역과 교통의 결절점을 중심으로 복합환승센터를 만들면 철도와 광역교통, 각 생활권 간의 교통 네트워크를 구축할 수 있다. 교통 네트워크와 더불어 생태 네트워크도 중요하다. 안성시가 보유한 수많은 호수를 하천과 녹지에 연결하면, 수도권 최고의 관광과 휴식이 가능한 청정 도시로 발전할 수 있다.

행정기관 청사의 신·증축도 콤팩트-네트워크 관점에서 추진되어야 한다. 행정과 도시, 여건 변화에 대응하고, 시민들의 문화·휴식 공간 등 기능별, 지역별, 관리 예산 등을 고려해 추진하는 것이 바람직하다. 압축과 연계, 혁신 클러스터를 통한 산업 생태계 조성은 안성시를 지속 가능한 자족 도시로 발전시켜줄 것이다.

🌐 지속 가능한 도시, 산업 네트워크

최근 안성시는 K-반도체 벨트의 중앙에 위치한 유리한 입지를 기반으로 산업 구조 개편이 추진 중이다. 안성시는 판교, 용인, 화성, 평택, 천안, 청주, 이천 등으로 이어지는 'K-반도체 벨트'에 포함되어 있다. 'K-반도체 벨트'는 우리나라가 세계 최대 종합 반도체 강국으로 도약하기 위해 민·관 공동으로 반도체 공급망을 구축하려는 프로젝트다. 반도체 벨트 내 인프라 지원 확대, 반도체 성장 기반 강화, 반도체 위기 대응력 제고를 위한 다양한 전략과 지원이 진행되고 있다.

소규모 제조업 위주의 산업 구조를 가진 안성시는 반도체 등 첨단 산업의 핵심 도시로 성장하기 위해 노력 중이다. 2023년 7월 산업통상자원부로부터 반도체 분야의 '소재·부품·장비 산업 특화단지'로 선정된 것은 안성시가 K-반도체 벨트의 중심에 있다는 것을 증명하는 사건이다. 안성시가 K-반도체 벨트 내에서 역할을 확고히 하기 위해서는 선행되어야 할 일이 있다. 바로 도시와 산업에 대한 자체 진단이다. 전략 산업의 추진이나 신산업 육성 차원에서 지금까지 안성시가 수행한 일에 대한 진솔한 평가가 필요하다. 다양한 분석기법을 활용해 대내외 산업 환경을 파악하고, 안성시의 산업군을 성장 산업과 사양 산업으로 분류해야 한다. 이를 통해 산업 구조를 지속 가능한 성장 산업 위주로 혁신해야 한다.

반도체, 미래차, 2차 전지, 바이오 등 첨단 성장 산업을 유치하기 위해서는 해당 산업의 가치사슬과 가치사슬 안에 있는 각 도시의 역할 분석이 필요하다. 가치사슬(Value Chain)은 제품과 서비스에 대한 설계와 개발, 부품 조달, 생산, 물류와 유통, 판매, 사용과 서비스, 폐기 등 산업 전반에 대한 가치 창출 활동이다. 가치사슬 등에 대한 분석을 통해 안성시가 영위할 산업 분야를 선정할 수 있다. 선정 기준은 다른 도시가 영위하고 있지 않는 분야, 안성시의 역량으로 수행 가능한 분야, 원천기술을 갖춘 기업의 보유 여부, 해당 기업의 유치 가능성 등이다.

영위할 산업이 선정되었다면, 해당 산업의 육성 및 지원 체계 구축을 위한 로드맵을 작성해야 한다. 로드맵에는 산·학·연·정이 연계한 창업보육센터, 기술혁신센터, 기업성장지원센터, 인재양성지원센터 등과 관련된 내용이 포함되는데, 이 자료는 산업 생태계를 조성하는 첫 걸음이다. 산업 생태계에서 대학의 역할은 가장 중요하다. 대학을 스타트업(Startup)의 산실로 만들고, 커리큘럼도 기업이 필요한 인재 육성에 맞춰 기업과의 연계를 강화해야 한다.

산업 생태계의 정점에 설 앵커기업의 유치도 중요하다. 앵커기업이 있어야 관련 산업 생태계가 형성될 수 있다. 앵커기업의 유치를 위해서는 혁신 클러스터 신규 조성이 필요하다. 새로운 클러스터 조성과 더불어 노후 산업단지의 재구조화도 병행되어야 한다. 노후 산업단지를 신산업에 맞춰 고도화하고, 연구 기능과 편의시설, 산·학·연·정 거버넌스 강화를 통해 혁신을 주도하는 공간으로 재편해야 한다.

혁신 클러스터의 성공을 위해 중요한 것은 배후 단지 계획이다. 직주근접, 일과 생활의 균형(Work-life Balance)을 강조하는 워라밸 문화가 확산되고 있기 때문이다. 배후 단지를 혁신 클러스터와 주거, 문화·복지·여가, R&D·교육, 기업지원 등 다양한 기능이 융·복합화 될 수 있도록 계획할 필요가 있다. 아울러 고급 호텔식 실버타운, 반려동물 시설 등 다양한 인구 유입을 위한 시설의 설치 역시 필요하다.

⊕ 거점 활성화를 위한, 교통 네트워크

2008년 발표되었던 '안성뉴타운'에 대해 아쉬워하는 사람들이 많다. 안성시 도심 인근에 120만 평 규모의 뉴타운 계획이 20만 평 규모로 축소되어 '안성 아양지구'로 진행된 내용이다. 뉴타운이 계획대로 진행되었다면 안성시가 얼마나 발전했을지는 알 수 없다. 개인적인 생각으로 뉴타운의 축소는 안성시 발전을 위해 오히려 잘된 일이라는 생각이 든다.

안성뉴타운 계획에는 없는 것이 많았다. 산업시설이 없고, 철도와 고속도로의 광역교통이 반영되지 않았다. 거대한 규모에 비해 핵심 거점으로의 장소성을 확인할 수도 없었다. 주택 용지와 상업 용지, 학교와 공공 청사, 공원 등 일반적이고 특색 없는 베드타운 수준을 넘어서

지 못한 도시 계획이었다.

어떤 지역이 도시의 핵심 거점이 되기 위해서는 압축과 연계가 필요하다. 핵심 거점 대부분은 교통의 결절점에 있다. 어디서든 쉽게 접근해 시설을 이용하고, 연계 교통을 이용해 어디로든 갈 수 있기 때문이다.

그동안 철도와 버스 등 우리나라 교통시설은 관리 주체가 달라 연계가 잘 이뤄지지 않았다. 이런 사유로 철도역, 버스터미널 등의 교통 거점이 별개로 관리되었다. 교통수단 간 환승 거리가 길고, 동선이 복잡해 대중교통 이용에 불편한 점이 많았다.

최근 도시교통의 핵심은 교통수단 간 연계와 소통이다. 결절점에 고밀도의 복합환승센터를 만들고 광역철도와 고속버스, 시내버스와 지하철 승강장은 물론, 공항터미널의 역할까지 수행할 수 있도록 계획한다. 이곳에 상업, 업무, 문화 등이 집적하면 명실상부한 도시의 핵심 거점이 될 것이다.

🌐 혁명적인 변화, 철도 네트워크

바야흐로 안성 철도 시대가 열리고 있다. 도시를 혁명적으로 변화시키는 요인 중 하나는 철도다. 철도는 속도, 연결, 에너지라는 세 가지 장점을 통해 도시의 형태와 구조를 바꾼다. 새로 들어올 철도는 안성시를 획기적으로 변화시킬 것이다. 역세권을 기준으로 기존 교통망을 재구성하는 것이 필요하다.

안성시 중심 역세권을 핵심 거점으로 만들기 위해서는 조건이 있다. 첫째는 장소성이다. 교통과 행정, 산업과 주거의 중심지여야 한다. 둘째는 이들을 연결할 시설이 필요하다. 복합환승센터가 대표적이다. 복수의 철도노선이 연결되는 지점이고, 버스터미널과도 인접해야 한다. 고속도로 IC와 가깝고 주요 국도와의 접근성도 우수한 지역이어야 한다. 복합환승센터를 중심으로 광역철도와 고속버스, 전철과 시내버스, 개인운송체계 등 안성시의 교통 체계를 다시 짜야 한다. 셋째는 산업이 필요하다. 안성시를 대표하는 혁신 클러스터와 가까워야 한다.

도시의 핵심 거점에는 역세권이 있다. 역세권은 교통의 결절점이고, 다양한 교통수단의 환승 포인트며, 업무와 쇼핑, 교육과 문화, 여가활동 등 생활권의 핵심지다. 또한, 역세권은 직장인과 학생들에게 인기 높은 주거지기도 하다.

최근 도시 계획의 트렌드(Trend)는 복합화와 입체화, 그리고 지하화다. 철도는 우리나라 산업 발전에 크게 기여했지만, 철도 및 철도시설은 도시 발전의 저해 요인이기도 하다. 지상을 평면적으로 가로지르는 철도시설로 도시와 생활권의 분리를 가져왔고, 연계 개발을 어렵게 해 해당 지역은 슬럼화되고 침체되었다. 지하화는 토지 이용의 연계성 확보, 교통 및 보행동선 개선, 상권 재편으로 인한 경제적 효과 등 많은 이점이 있다. 안성시에 인입되는 철도 노선의 도심 구간은 반드시 지하화해야 한다. 철도시설로 인한 생활권 분리와 도심 슬럼화, 경기 침체를 여러 도시의 사례에서 확인할 수 있기 때문이다. 이런 역세권 개발 계획은 빠르고 계획적인 준비가 필요하다. 해당 지역의 지가 상승을 억제하기 위해 행정력을 동원해야 하고, 철도가 들어오는 것을 전제로 교통망과 대중교통 체계를 재정비하는 것도 필요하다.

🌐 창조 도시의 핵심, 청년 네트워크

도시학자인 리처드 플로리다는 창조적 사고를 가진 혁신 인재는 도시의 창조성을 높이는 데 중요한 역할을 하며, 창조 도시 조성을 위해 필요한 요소는 3T(Talent, Technology, Tolerance)라고 했다.

지금 안성시에 필요한 것은 보수적인 이미지를 벗고, 젊은 인재가 선호하는 창조 도시로 거듭나는 것이다. 창조 도시에 필수적인 요소는 젊은 인재가 집적된 대학이다. 미국 실리콘밸리의 성공은 자유 분방한 도시의 특성에 더해 주변의 명문 스탠포드대학과 버클리대학과의 산학 협력에 힘입은 바가 크다. 지식기반 경제가 도래하면서 대학의 역할이 커지고 있다. 과거 대학의 역할은 지식 전달 기관에 머물렀으나 최근에는 혁신과 창업, 경제 성장의 주체로서 확대되고 있다. 지방 정부와 기업, 다양한 혁신 주체와 연계해 인재 육성, 연구개발, 산업역량 강화를 통해 경제 발전에 기여하기 때문이다.

안성시에는 한경대, 중앙대, 두원공과대, 한국폴리텍대 등 기술력이 뛰어난 대학들이 많다. 이들 대학을 활용한다면 안성시를 활력이 넘치는 창조 도시로 만들 수 있다. 최근 이슈가 되고 있는 캠퍼스 혁신 파크도 고려해볼 만하다. 캠퍼스 혁신 파크는 캠퍼스 내 일정 공간을 도시첨단산업단지로 지정해 산·학·연의 핵심 허브로 만드는 것이다. 캠퍼스 혁신 파크는 대학이 지닌 입지적 장점과 혁신 인재와 지식 역량을 활용해 스타트업을 육성하고 업무 공간과 주거, 문화, 복지 등 다양한 시설을 저렴하게 공급해 혁신 생태계 육성을 지원하는 제도다.

최근 긍정적인 여건 변화를 겪고 있는 안성시는 많은 혁신 클러스터 조성을 준비하고 있다. 그러나 이러한 시도는 많은 시간이 소요되므로, 그사이 기회를 잃을 수도 있다. 캠퍼스 혁신 파크 조성은 안성시에 맞는 적합한 특화 산업 유치와 혁신 클러스터를 만들어가는 중간 단계에서 검토할 만한 사안이라고 판단된다.

청년들을 위한 정주 환경 개선도 필요하다. 관내 학교에 등록한 학생들의 대다수는 시내에 거주하기보다 시외에서 통학하고 있다. 이는 안성시의 거주 환경이 쾌적하지 못했음을 반증한다. 학생들이 졸업 후에 지역 업체에 취업하고, 안성시에 정착하기 위해서는 쾌적한 정주 환경이 필요하다. 학생들이 안전하고 편하게 살 수 있도록 학교 주변 환경을 만들어야 한다. 청년들이 선호하는 문화시설 등 다양한 공간 조성도 필요하다. 아울러, 주변 도시와의 광역교통, 광역철도와 지하철과의 접근성을 강화하기 위해 도시 내부의 대중교통 체계의 재정비도 필요하다.

기업들이 투자를 결정하는 요인이 변화하고 있다. 과거에는 지가와 인건비가 저렴한 지역에 투자했다. 그러나 디지털 시대, 투자의 핵심 요소는 창의적인 인재가 선호하는 지역이다. 혁신 인재가 선호하는 도시는 기술력을 갖추고, 풍부한 일자리가 있는 도시, 문화적 다양성을 받아들일 수 있는 관용성이 있는 도시다. 보수적인 도시로 알려진 안성시가 새로운 기술과 청년들의 다양성을 받아들일 수 있는 관용의 도시로 변화해야 하는 이유가 여기에 있다.

🌐 도시 재생의 핵심, 생태 네트워크

세계 대기 오염 조사 분석업체 '에어비주얼'이 2018년 세계 3,000개 도시의 대기질을 초미세먼지 기준으로 발표했다. 우리나라 82개 도시 중 안성시는 연평균 초미세먼지 농도가 30.4μg/m^{3}으로 국내에서 가장 높았다. 그 이유는 보령, 태안 등 서해안에 있는 화력 발전소와 당진의 현대제철 등에서 배출되는 먼지가 내륙으로 날아오다 차령산맥에 막혀 머무르기 때문이다. 안성시 전역에 분포한 축산 농장들도 대기질 악화에 영향을 미친다. 구조적인 해결은 어렵다고 하더라도 생태 네트워크의 조성, 바람길 숲 조성 등을 통해 맑은 공기를 유입시킴으로써 미세먼지를 외부로 배출할 수 있을 것이다.

생태 네트워크의 핵심은 접근성과 연계성이다. 공원에 대한 접근성은 하천, 폐선로 등을 활용한 선형공원이 합리적이다. 선형공원은 공원에 접한 많은 사람들이 접근할 수 있어 효과적이다. 투자에 비해 효과도 높다. 바람길 역할로 미세먼지 저감에도 큰 효과가 있다.

하천을 활용한 선형공원 성공 사례는 용인과 분당을 거쳐 한강에 이르는 탄천공원이다. 탄천은 마당 없는 아파트에 사는 시민을 위한 생활 정원이다. 한강까지 이어지는 시원한 자전거길은 시민의 건강을 지켜준다. 공원시설과 인도는 수많은 시민에게 쾌적한 삶을 제공해주고 있다.

안성시를 가로지르는 하천들도 공원화가 필요하다. 아양지구 등 신도시 일부 지역은 정비되었지만, 많은 지역이 정비되지 못했다. 하천 주변의 억새풀을 제거하고, 하천을 준설하면 자연재해에 강한 하천이 될 것이다. 하천 좌우에는 자전거와 보행을 위한 도로를 건설하고, 곳곳에 운동시설 및 휴게시설을 만들면 아름다운 선형공원으로 거듭날 수 있다.

또한, 시민들의 쾌적한 삶을 위해 녹지 네트워크 조성이 필요하다. 안성시는 71개의 크고 작은 호수와 아름다운 하천이 흐르는 천혜의 관광자원을 보유하고 있다. 이들이 파편화되지 않도록 연결해야 한다. 하천 선형공원을 중심으로 구도심의 쌈지공원, 기존 공원, 자연림이 연결되어야 한다. 나아가 71개의 아름다운 호수 자원과 연결해 안성시 생태공원 네트워크가 조성되면 지속 가능한 자족 도시, 생태 도시로 발전하게 될 것이다.

이러한 천혜의 자연은 은퇴하는 시니어 세대 유치에도 유리하다. 호수 주변이나 혁신 클러스터 배후 부지, 고속도로 진·출입구 부근에 고급 실버타운, 은퇴자 전원주택단지 등을 조성하면 자연과 함께하는 지속 가능한 도시의 이미지를 확고히 할 수 있다.

🌐 잊지 말아야 도시의 정체성

나는 10년 후 안성시는 어떤 모습일까 궁금하다. 앞서 제시한 강점과 약점, 기회와 위기를 믹스해 산업과 경제가 발전하는 혁신 도시가 되어 있을지, 혹은 강점과 기회를 살리지 못하고, 위기와 약점을 보완하지 못해 특징 없는 수도권 중소 도시에 머무를지는 알 수 없다.

그렇지만 어떠한 경우라도 반드시 잊지 말아야 할 것이 있다. 세상이 변하더라도 안성시가 간직해야 할 가치, 고유의 정체성을 잃어버리지 말아야 한다는 것이다. 과거부터 가지고 있었고, 현재도 가지고 있으며, 또 미래에도 더욱 발전시켜야 할 것이 정체성이다. 산업이 발전하고, 인구가 유입되어 대도시가 된다고 해도, 고유의 정체성을 잃어버린다면 젠트리피케이션으로 인해 문화백화 현상을 앓고 있는 지역의 사례와 다를 것이 없다.

이 책을 통해 인연을 맺고 있는 안성시를 진단해보았다. 부족한 면이 많지만, 이 책을 읽는 사람들이 현재 거주하는 도시에 대해 생각해보는 계기가 되었다면 좋겠다. 해당 도시의 문제점을 진단하고, 장기적인 관점에서 도시의 미래상을 그려보았으면 하는 마음이다. 도시의 현재와 미래에 대해 걱정하고 고민하는 사람들이 많아졌을 때 비로소 지속 가능한 도시가 현실화될 것이다.

안성맞춤의 도시가 내일을 꿈꿉니다

안녕하세요? 안성시장 김보라입니다.

저는 행복한 도시에 대해 오랫동안 생각해왔습니다. 시민이 행복하고 지속 가능한 도시에 대해서 말이죠. 타지에서 안성으로 이주해서 시민 활동을 하던 초기에도, 경기도 의원으로 정치를 시작했을 때도 같은 마음이었습니다. 그런데, 재선 시장으로 안성시를 위해 봉사하고 있는 요즈음, 그 고민이 더욱 깊어짐을 느낍니다. 현재, 안성시는 혁신 성장의 변곡점에 서 있기 때문입니다.

안성시는 경기도 최남단에 입지한 수도권의 관문으로서 대구, 전주와 함께 우리나라의 대표적인 상업 도시였습니다. 그러나, 주변 도시들이 발전을 거듭하던 시기에 각종 규제와 인구 정체로 많은 좌절을 맛보아 왔습니다.

최근 안성시를 둘러싸고 많은 기회 요인이 발생하고 있습니다.

K-반도체 벨트의 중심에 위치해 미래 산업 도시로서 밝은 미래가 열리고 있습니다. 4개의 고속도로가 개통되고, 끊어졌던 철도가 이어지면 안성시는 수도권과 지방을 연결하는 핵심 거점으로 자리매김할 것입니다.

안성시는 많은 장점이 있습니다.

천혜의 자연환경, 다양한 문화자원, 청년, 대학 등이 그것입니다. 이런 많은 장점이 최근의 기회 요인과 연계될 때, 안성시는 지속 가능한 미래형 산업 도시로 성장할 수 있을 것이라는 확신이 생겼습니다.

많은 도시가 미래에 대한 고민 중인 가운데, 지방 도시 생존에 관한 저자의 책은 의미 있고 시의적절하다는 생각이 듭니다. 혁신 성장의 변곡점에 있는 우리 안성시는 물론, 인구 감소로 축소 위기에 있는 많은 지방 도시에서 미래를 설계하는 데 도움이 되는 좋은 책이라고 생각합니다. 특히, 우리 안성시와 서산시의 사례에는 도시 계획 전문가로서 이론과 다양한 경험이 담겨져 있어 더욱 의미 있다고 생각합니다.

때때로 저자와 안성시 발전에 관한 이야기를 나누곤 합니다. 가장 공감했던 말은 '안성시만의 정체성'을 살리라는 말입니다. 요즘, 컨설팅회사에 미래를 맡기는 도시들이 많습니다. 모방한 문화는 도시를 백화(白化)시킵니다. 비슷한 산업단지와 출렁다리를, 그저 그런 축제를 개최하며 하향 평준화되고 있죠. 도시가 정체성을 잃을 때, 발전의 동력도 상실합니다.

저는 이 책을 통해 안성시를 재발견합니다. 안성시의 장점과 단점, 위기와 기회에 대해 생각해봤습니다. 안성이 가진 정체성을 살려 좋은 도시를 만들어가겠습니다. 보존과 개발이 조화된 수도권 최고의 전원 도시, 삶의 가치가 실현되는 따뜻한 도시, 스마트 농업과 첨단산업이 어우러진 지속 가능한 미래형 도시. 이것이 저와 시민들이 꿈꾸는 미래의 안성이며, 이번에 우리 안성시가 반도체 분야 소·부·장 산업 특화 단지로 선정된 것은 첨단산업의 허브 도시로 도약하는 첫걸음이라고 생각합니다.

안성시장 **김보라**

2023년 5월, 저자가 근무하는 사업장을 방문한 김보라 안성시장(중간)이 저자(왼쪽)와 함께 사업장 현황에 대한 설명을 듣고 있다.

출처 : 저자 제공

에필로그

지난 해 《메타버스 시티》를 출간한 후 내 삶에 변화가 생겼다. 메타버스의 인기 덕분에 베스트셀러에 오르면서 이런저런 제안을 받기도 했다. 물론 현직에 충실하기 위해 대부분 제안을 거절했지만, 30년 넘게 직장생활을 하던 나에게는 새로운 경험이었다. 얼마 전 꽤 유명한 컨설팅회사에서 연락이 왔다. 정부가 추진하는 글로벌 혁신 특구사업에 구미시가 메타버스를 주제로 참여를 검토하고 있는데 내게 조언을 얻고 싶다는 것이었다.

구미의 눈물

4년 전 SK하이닉스 유치 실패로 분노하던 구미의 눈물이 기억났다. 작은 농촌에 불과하던 구미시는 1969년 우리나라 최초의 산업단지인

구미국가산단을 조성하면서 오랫동안 제조업의 메카로 굳건히 자리해왔다. 젊은 인구가 넘치는 한국의 실리콘밸리로 불리기도 했다. 그러나 산업 구조의 변화, 인건비 상승 등으로 인한 생산설비의 해외 이전, 연구 인력의 수도권 이탈 현상은 구미시도 피할 수 없었다. 그리고, 2019년 용지 무상 임대라는 파격적인 조건을 제시했음에도 SK하이닉스 유치에 실패했고, 구미 시민들은 눈물을 흘렸다. 혁신 인재가 선호하는 양호한 정주 환경을 갖춘 수도권과 경쟁하기에는 역부족이었던 것이다.

개인적으로 나는 구미와 인연이 있다. 조상의 산소가 있는 아버지의 고향이기 때문이다. 벌초를 위해 구미에 방문할 때면 안타까운 마음이 들곤 한다. 구미는 탈산업화의 영향을 받은 대표적인 산업 도시다. 오랫동안 도시 경제를 지켜왔던 삼성과 LG 등 대기업의 존재로 인해, 시대의 변화를 읽는 데 소홀했을 것이다. 도시와 산업이 호황기에 있을 때, 도시는 새로운 미래를 준비해야 한다. 산업의 체질을 바꾸고, 정주 환경을 개선해야 한다. 이 기회를 놓친 것이 구미시에는 뼈 아픈 대목이다.

구미시도 최근, 과거의 영광을 되찾기 위해 분주히 움직이고 있다. 구미시는 지난 4월 방산혁신클러스터 유치에 성공한 데 이어, 지난 7월 20일 지방 도시로는 유일하게 반도체 국가첨단전략산업 특화단지 유치에 성공했다. 구미의 눈물이 환희로 바뀌는 순간이었다. 나는 구미시에는 기회가 가득하다고 생각한다. 제조업을 위한 다양한 인프라가 있고, 든든한 앵커기업들도 여전히 건재하다. 제조업의 메카라는 도시의 정체성을 고려하고, 보유한 산업 인프라를 이용해 혁신에 나설 가능성은 충분하다.

구미시를 포함한 많은 도시들이 전통산업의 쇠퇴와 도시 인프라 노후화로 어려움을 겪고 있다. 도시를 살아 있는 유기체로 본다면 도시는 생성과 발전, 쇠퇴라는 생명주기를 가진다.

하지만, 도시는 기업이나 제품과는 다르다. 전쟁 등으로 파괴되지 않는 한 도시는 쉽게 소멸되지 않는다. 과거의 역사를 통해 쇠퇴 위기의 도시가 재생하는 방법을 우리는 안다.

그것은 혁신이며, 혁신을 위해 필요한 것은 '개방성'과 '인재'다.

새로운 혁신 생태계 조성을 통해 다시금 성장을 누리는 도시들은 오래전부터 이방인에 대한 수용과 환대, 지역 대학의 육성과 연계, 과학기술단지와 기술혁신센터 조성, 창업과 보육 등을 통해 도시의 혁신 역량을 키워왔다.

이렇게, 도시의 개방성을 높이고 혁신 인재가 선호하는 공간으로 탈바꿈하는 것이 우리나라 지방 도시들이 가장 먼저 해야 할 일이다.

세계는 뾰족하지만 평평하다

뉴욕타임즈의 칼럼니스트인 토머스 프리드먼(Thomas Friedman)은 2005년 《세계는 평평하다(The World Is Flat)》라는 책을 출간했다. 디지털 기술의 발달로 국가와 지역 사이를 가로막던 물리적 장벽이 허물어졌고, 전 세계의 사람과 시장, 지식이 긴밀하게 연결되고 있다는 것이 책의 핵심이었다. 장소의 이동 없이, 누구든 어디서든 실시간으로 타인과 교류하며 생각을 나누고 거래 관계를 유지할 수 있게 되었다는 것이다.

이에 대해 도시경제학자인 리처드 플로리다는 같은 해에 〈세계는 뾰족하다(The World is Spiky)〉라는 논문을 발표했다. 세계 지도를 펼쳐보면, 특정 국가나 도시를 중심으로 높은 인구 밀도, 건물의 밀집도, 경제 활동의 집중으로 인해 발전된 도시들을 뾰족하게 표현한다는 것이다. 창조적인 인재와 기업이 특정 지역에 집중적으로 모여들어 도시의 발전을 이끈다는 주장이다.

프리드먼의 책이 출간된 이후, 다양한 시각과 평가들이 난무했다. "지구는 둥글다", "지구는 울퉁불퉁하다" 등의 조롱 섞인 비판도 있었다.

지금 내가 18년 전의 이야기를 하는 것은 '콤팩트-네트워크'와의 연관성 때문이다.

혁신 인재들이 모여들면서 도시는 더욱 뾰족해지고, 디지털 기술의 발달로 전 세계가 연결되어 더욱 평평해진다. 스마트폰 하나로 어디서든 세상과 접속하게 되면서 정보는 빠른 속도로 확대되고 있다. 그러나 혁신은 특정 도시에 집중하고 압축되며, 혁신 인재는 압축된 장소로 모인다. 이들을 효과적으로 연결해야 한다. '뾰족함과 평평함', 압축과 연계로 도시는 지속 가능한 발전을 이룰 수 있다.

도시의 쇠퇴 현상은 전 세계적인 현상이다. 쇠퇴하는 도시는 산업 구조 변화에 적절히 대응하지 못했다는 공통적인 특징을 갖는다. 특정 산업의 경쟁력 약화는 도시의 쇠퇴로 이어진다. 우리나라는 여기에 인구 감소와 도시 간 경쟁이 더해진다. 인구가 감소하면 도시 서비스 제공이 어려워진다. 도시의 혁신을 담당하던 고학력 인재가 유출되면 도시의 성장 기반은 훼손된다. 도시 서비스의 양적, 질적 감소는 인구 유출을 촉진해 도시 쇠퇴는 더욱 빨라진다.

지방 도시들은 성장주의 도시 정책에 한계가 왔음을 인정해야 한다. 기반시설을 가동할 수 있는 일정 수준의 인구 확보를 위한 계획에 나서야 한다. 도시의 외곽 확산을 막고, 도심을 충진개발하는 콤팩트 전략과 네트워크화를 통한 기능과 역할의 분담으로, 도시 인프라의 효율적인 활용 방안을 수립하는 것이 급선무다. 도시 단독으로 이것을 진행하기는 어렵다. 다른 도시와의 연계를 통해 규모의 경제를 이뤄야 한다. 지자체를 구분하지 않는 경제공동체로서의 재구조화가 시급하다.

도시는 거점을 중심으로 더욱 뾰족해져야 한다. 그 안에 주거와 일자리, 주택과 산업을 복합화해야 한다. 디지털 전환을 함에 있어 경제·사회구조의 변화를 반영한 직주근접, 고밀·복합개발 등 새로운 공간 전략이 필요하다. 위기의 지방 도시들은 바로 지금 연계를 시작해야 한다. 정부와 광역지자체가 할 일이 많다.

콤팩트 네트워크

위기의 도시를 살리다

제1판 1쇄 2023년 8월 10일
제1판 3쇄 2023년 9월 5일

지은이   심재국
펴낸이   최경선   **펴낸곳**   매경출판(주)
기획제작   ㈜두드림미디어
책임편집   우민정, 배성분   **디자인**   얼앤똘비악earl_tolbiac@naver.com
마케팅   김성현, 한동우, 구민지

매경출판㈜
등록 2003년 4월 24일(No. 2-3759)
주소 (04557) 서울시 중구 충무로 2(필동1가) 매일경제 별관 2층 매경출판㈜
홈페이지 www.mkbook.co.kr
전화 02)333-3577
이메일 dodreamedia@naver.com(원고 투고 및 출판 관련 문의)
인쇄·제본 ㈜M-print 031)8071-0961
ISBN 979-11-6484-595-8 (03320)